R — Südmauer

...saal
...en)
...or
...al

B — Schatzhaus

C — Beamtenwohntrakt

E — Tripylon

D — Palast (?)

S — Bauinschrift des Darius

...dana)

G — Palast-
heiligtum (?)

F — Palast des
Xerxes

I — Palast
des Darius

Archäologie des Achämenidenreiches – AdA
Herausgegeben von Leo Trümpelmann
Band 1

Ausstellungskataloge der Prähistorischen
Staatssammlung München
Herausgegeben von Hermann Dannheimer
Band 14 · 1988

Ein Weltwunder der Antike

VON LEO TRÜMPELMANN

PERSEPOLIS

MIT BEITRÄGEN VON MANIJEH ABKA'I-KHAVARI UND HEINZ LUSCHEY

VERLAG PHILIPP VON ZABERN

Ausstellung der Prähistorischen Staatssammlung
München · Lerchenfeldstraße 2
vom 22. September 1988 bis 8. Januar 1989
Öffnungszeiten:
Täglich außer Mo. 9−16 Uhr, Do. 9−20 Uhr

Umschlag: Stierkapitell vom Thronsaal in Persepolis (Abb. 17)
Vorsatz vorn: Modell von Persepolis (Kat. 1)

Verantwortlich für die Ausstellung:
Gisela Zahlhaas, Prähistorische Staatssammlung München

Gestaltung der Ausstellung:
Michael Berger, Prähistorische Staatssammlung München

Karte: Astrid Fischer

103 Seiten mit 17 Farb- und 58 Schwarzweißabbildungen

© 1988 Verlag Philipp von Zabern, Mainz
ISBN 3-8053-1016-1
ISBN 3-8053-1051-X (Museumsausgabe)
Satz: Hurler GmbH, Notzingen
Lithos: Witzemann & Schmidt, Wiesbaden
Papier: Papierfabrik Scheufelen, Lenningen
Gesamtherstellung: Zaberndruck, Mainz am Rhein
Printed in Germany/Imprimé en Allemagne
Printed on fade resistant and archival quality (PH 7 neutral)

DIE AUSSTELLUNG
PERSEPOLIS
EIN WELTWUNDER DER ANTIKE
IST
FRIEDRICH KREFTER
ZU SEINEM 90. GEBURTSTAG
AM 15. OKTOBER 1988
GEWIDMET

Grußwort

Persepolis ist die wohl am eindrucksvollsten erhaltene achämenidische Bauanlage, wenn auch die zahlreichen Reliefs an den Sockeln der Paläste und an Wandteilen im allgemeinen weitaus mehr das Interesse der Besucher finden. Der Umstand, daß über Grundrisse hinaus auch verzierte Tür- und Fensterrahmen und einige Säulen noch an ihrem ursprünglichen Platz erhalten blieben, hat seit der Ausgrabung in den 30er Jahren unseres Jahrhunderts den Wunsch genährt, Persepolis in Teilen – wie dem sogenannten Harem – in ursprünglicher Größe wieder auf den alten Fundamenten aufzubauen, was bereits kurz nach der Freilegung geschah. Darüber hinaus bestand der Wunsch, das gesamte Persepolis im Bereich der Palast-Terrasse wenigstens zeichnerisch und – daraus resultierend – im Modell wiedererstehen zu lassen.

Kein Berufenerer als der damalige Grabungsarchitekt Friedrich Krefter konnte diese Leistung vollbringen. Ihm gelang es in den 60er Jahren, in längerer wissenschaftlicher Vorarbeit über Studien zu einer Maßordnung für Persepolis und über Schnitt- und Ansichtsrekonstruktionen zu perspektivischen Wiederherstellungen der äußeren Baumassen und der Innenräume zu kommen. Dabei ist ein hohes Maß künstlerischen Einfühlungsvermögens, historischer Kenntnis und statischer Überlegungen des rekonstruierenden Architekten sichtbar geworden. Durch Friedrich Krefter wird denen, die sich mit achämenidischer Baukunst beschäftigen und Persepolis besuchen, Fachleuten wie interessierten Laien, eine der alten Residenzen der Achämeniden lebendig vor Augen geführt. Und gerade jetzt, zu einer Zeit, da es durch den Krieg und seine Nachfolgeerscheinungen in Iran schwierig ist, Persepolis als Tourist zu besuchen, können wir dankbar sein, daß dieser Katalog aus Anlaß der Ausstellung zu Ehren des Jubilars Friedrich Krefter erscheinen kann, zumal Friedrich Krefters Monographie »Persepolis – Rekonstruktionen« längst vergriffen ist. Ausstellung und Katalog berichten in anschaulicher Weise von einem der bekanntesten Hauptwerke persischer Baukunst.

Wolfram Kleiss
1. Direktor der Abteilung Teheran
des Deutschen Archäologischen Instituts

Vorwort

Die Anregung, Professor Friedrich Krefter anläßlich seines 90. Geburtstages am 15. Oktober 1988 mit einer Ausstellung in der Prähistorischen Staatssammlung München zu ehren, kam von Leo Trümpelmann. Wir haben sie gerne aufgegriffen und freuen uns, damit das Lebenswerk des Jubilars über den engeren Kreis der Fachleute hinaus der Öffentlichkeit noch näher bringen zu können. Wir glauben, daß unser Museum der rechte Ort für eine derartige Präsentation ist. Durch die Gründung der Abteilung »Vorgeschichte des Mittelmeerraumes und des Vorderen Orients« im Jahre 1973 hat der Freistaat Bayern einen neuen Kristallisationspunkt für diesen Zweig der Altertumskunde geschaffen, der vorläufig freilich nur durch Sonderausstellungen über Einzelthemen für die Besucher sichtbar werden kann. Der Bayerische Staatsminister für Wissenschaft und Kunst hat kürzlich bekanntgegeben, daß die »Mittelmeerabteilung« des Museums entsprechend seinen Intentionen in der Nachbarschaft der Altertumssammlungen am Königsplatz in der Brienner Straße ein eigenes Haus erhalten soll. Wir hoffen, daß die Stadt München diesen Plänen bald zustimmt.

Dem Entgegenkommen des Deutschen Archäologischen Instituts und des Verlages Gebr. Mann, Berlin, ist es zu verdanken, daß in der vorliegenden Publikation ein großer Teil der Zeichnungen aus der längst vergriffenen Monographie Friedrich Krefters »Persepolis – Rekonstruktionen« (Teheraner Forschungen Band 3, 1971) erneut abgedruckt werden darf. Dafür sind wir ebenso dankbar wie den Leihgebern in Berlin, dem Autor des vorliegenden Katalogbandes, dem Verlag Philipp von Zabern und allen Mitarbeitern beim Aufbau der Ausstellung.

München, im Sommer 1988   HERMANN DANNHEIMER

7

*Abb. 1   Friedrich Krefter am 18. 9. 1933 bei der Ausgrabung
der Gründungsurkunden des Thronsaales von Persepolis*

Zur Person Friedrich Krefter

Friedrich Krefter hat als phantasievoller Künstler und sorgfältiger Architekt durch die Kunstfertigkeit seiner Hände mit dem Zeichenstift uns Persepolis anschaulich gemacht. Geboren ist er am 15. Oktober 1898.

Als Ernst Herzfeld, der geniale Ausgräber von Persepolis, im Jahre 1925 einen tüchtigen Zeichner suchte, wurde ihm Friedrich Krefter genannt. Er war damals Atelierchef eines Architekturbüros in Berlin, das verschiedene Großbauten durchführte. Krefter setzte die Vermessungen und Skizzen Herzfelds in Pläne um. 1927/28 war er auf Wanderschaft durch die Länder klassischer Kunst am nördlichen Mittelmeer bis nach Konstantinopel, von wo ihn Herzfeld nach Teheran holte. Im Frühjahr 1928 traf Krefter bei Herzfeld in Teheran ein. Er nahm an der Grabung in Pasargadae teil, besuchte mit Herzfeld Persepolis und andere Orte in der Persis. Im Oktober war er wieder zurück in Berlin, bis ihn 2½ Jahre später ein Telegramm von Herzfeld zur Ausgrabung von Persepolis rief. Den Verlauf der Arbeit hat Krefter in einem Bericht dargelegt[1].

Im Frühjahr 1934 ging Herzfeld von Persepolis fort, Krefter übernahm das verwaiste Persepolis für ein gutes Jahr, bis E. F. Schmidt ihn im Jahre 1935 ablöste. Krefter nahm einen Ruf als Professor für Baugeschichte an die Universität Teheran an. Über zwei Jahre blieb er dort bis zum Jahre 1937. Die Vorboten des 2. Weltkrieges, von denen man im Ausland noch früher als in Deutschland etwas zu hören bekam, bewogen ihn, vagen Versprechungen auf eine Professur an der Technischen Hochschule in Berlin zu folgen und in Teheran zu kündigen. Die Professorenstelle in Berlin bekam er nicht, aber er hatte auch den Eintritt in die NSDAP abgelehnt. Er wurde Dozent an der Staatsbauschule von Ende 1937 an, bis er im Mai 1940 eingezogen wurde. 1946 kam er aus dem Krieg zurück, und von 1953 bis 1961 war er wieder an seiner früheren Wirkungsstätte als Dozent tätig. Danach zog er mit seiner Frau in ihren Heimatort, nach Rhöndorf.

Die Erinnerungen an die Zeit als Ausgräber von Persepolis wurden wieder geweckt, als die große Ausstellung »7000 Jahre Kunst in Iran« im Jahre 1962 in der Villa Hügel in Essen gezeigt wurde. Für F. Krefter bedeutete diese Ausstellung das erste Wiedersehen mit einer der beiden goldenen, 5 kg schweren Gründungsurkunden des Thronsaales von Persepolis, die er am 18. und 20. September 1933 ausgegraben und am nächsten Tag auf den Namen Ernst Herzfelds in den Tresor der Bank von Schiraz gegeben hatte (Abb. 1). Herzfeld hatte die Urkunden dann, ohne Krefter, aus dem Tresor geholt und dem Schah übergeben dürfen.

1962 war Heinz Luschey gerade der 1. Direktor der neugegründeten Abteilung Teheran des Deutschen Archäologischen Instituts geworden. Anläßlich der Ausstellung in Essen traf er Krefter, und mit diesem ersten Kontakt war der Grundstein gelegt für die späte Beschäftigung Krefters mit Persepolis. Luschey konnte ihn für die Herstellung der Rekonstruktionszeichnungen gewinnen, die dank der hervorragenden Dokumentation der Grabungsergebnisse durch E.F.Schmidt und deren Veröffentlichung durch das Oriental Institute der Universität von Chicago[2] möglich geworden waren. Schmidt hatte auch die späteren Grabungsergebnisse des iranischen Antikendienstes unter A.Godard[3] — zumindest im Plan — mit in seine Veröffentlichung aufgenommen. F. Krefter hatte andererseits schon für E.Herzfelds zusammenfassendes Buch »Iran in the Ancient East« (1941) Rekonstruktionszeichnungen vom Tripylon und vom »Tor aller Länder« des Xerxes angefertigt und damit Proben seiner Vorstel-

9

Abb. 2   Modell von Persepolis im Maßstab 1 : 1000, hergestellt von F. Krefter, Museum für Vor- u. Frühgeschichte. Staatliche Museen Berlin. Preußischer Kulturbesitz

lungsgabe geliefert. Als dann die Feierlichkeiten des Oktober 1967 anstanden, fand man in F. Krefter und seiner Frau die beiden, die das geeignete Geschenk der Bundesrepublik Deutschland an das Iranische Staatsoberhaupt herstellen konnten: ein Modell von Persepolis[4] im Maßstab 1 : 200. Das Schreiben des Textes zu den Zeichnungen und zu dem Modell brauchte dann noch einige Jahre. Das Buch von F. Krefter, »Persepolis. Rekonstruktionen« wurde 1971 fertig. Es erschien als Band 3 der Teheraner Forschungen des Deutschen Archäologischen Instituts und ist heute vergriffen. Die Zeichnungen sind dank dem Entgegenkommen des Gebr. Mann Verlags, Berlin in diesem Bande verkleinert wieder zugänglich gemacht. Nach dem großen Modell, das in Teheran ins Museum kam, fertigte Krefter noch das kleine Modell von Persepolis im Maßstab 1 : 1000 für das Museum für Vor- und Frühgeschichte im Schloß Charlottenburg zu Berlin auf Wunsch seiner Direktorin Eva Strommenger. Dieses kleine Modell (Abb. 2), das auch für unsere Ausstellung zur Verfügung gestellt wurde, ist fast noch übersichtlicher als das große in Teheran, für das dort zur Zeit keine Aufstellungsfläche zur Verfügung steht und das demzufolge nicht zu sehen ist.

Persepolis – Ein Weltwunder der Antike

EINLEITUNG

Sieben Weltwunder zählte man in der Antike, weil 7 eine magische Zahl ist. Und es gehören zu den Weltwundern die ägyptischen Pyramiden, die Mauern von Babylon, der Tempel der Artemis von Ephesos, das Goldelfenbeinbild des Zeus von Olympia, das Maussolleion von Halikarnassos, der Koloß von Rhodos und der Leuchtturm von Alexandria. Kriterien für die Bezeichnung »Weltwunder« waren offenbar die imponierende Größe, die moderne technische Lösung der konstruktiven Probleme und der exorbitante finanzielle Aufwand, der zur Schaffung die-

Abb. 3 Ansicht von Persepolis vom Beginn des 18. Jhs., gezeichnet von C. de Bruin[7]

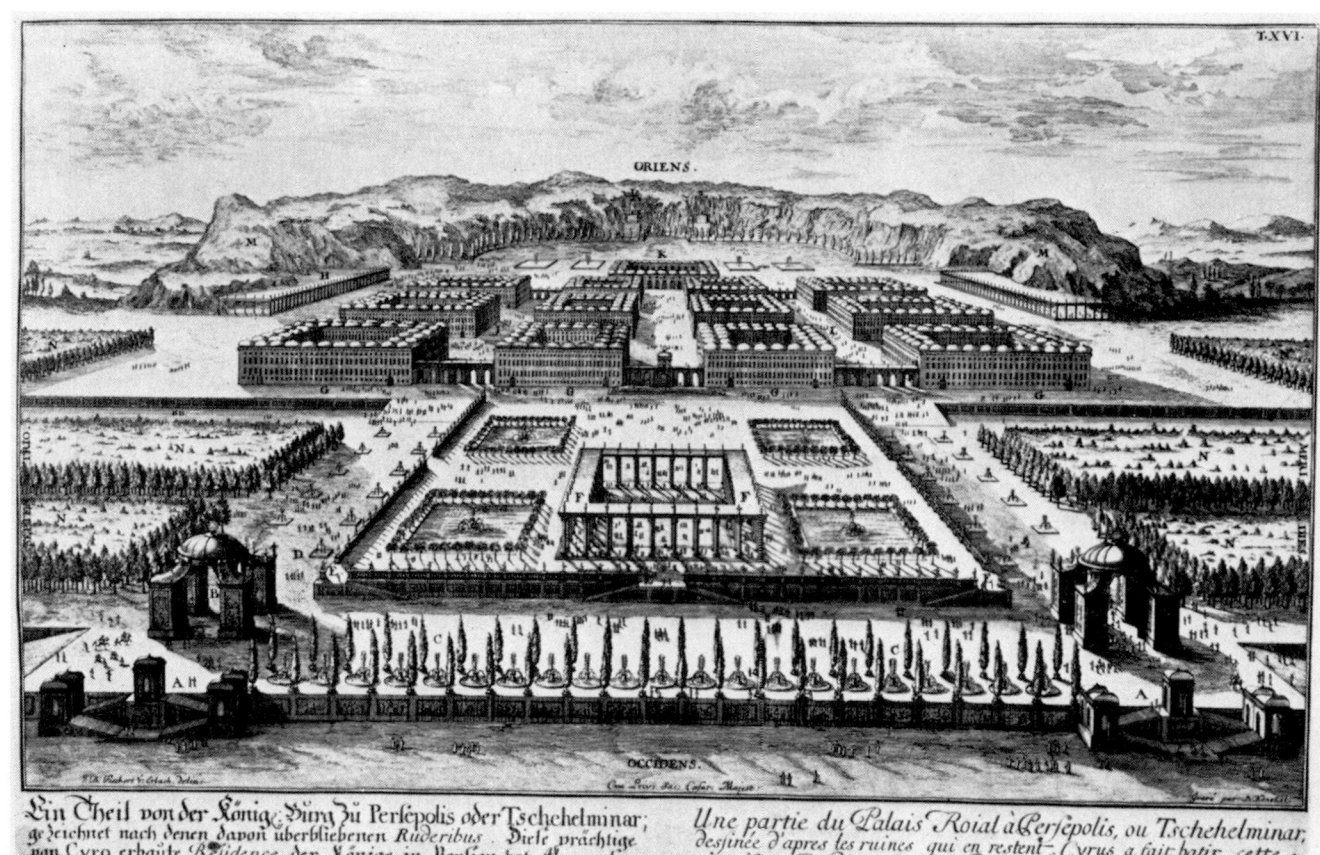

Abb. 4 »Ein Teil von der Königl. Burg zu Persepolis«. Rekonstruiert und als Entwurf für Schönbrunn verwendet von Johann Bernhard Fischer von Erlach[8]

ser Werke notwendig war. Diese Liste großartiger technischer Leistungen ist ganz gewiß unvollständig, und so kommt es, daß von manchen antiken Autoren auch andere Werke als »Weltwunder« bezeichnet werden[5]. Eines ist der »Palast des Kyros«, des Perserkönigs[6]. Von Kyros kennen wir einige Palastbauten in Pasargadae, die aber nicht fertig geworden sind. Und sie wurden aufgegeben und ersetzt durch die Palastbauten von Persepolis. Mir scheint, der Ausdruck »Palast des Kyros« steht für den Thronsaal des Perserkönigs, der in Persepolis stand. Von ihm nämlich kann man sehr wohl behaupten, daß er ein »Weltwunder« darstellt. Sein Preis ist kaum zu schätzen, seine Konstruktion ist mit enormen technischen Problemen verbunden, und seine Realisierung stellt ein einmaliges architektonisches Wunderwerk dar, das nur ein einziges Mal − und zwar maßgenau − wiederholt wurde, in Susa, wo der Perserkönig seinen Palast als Regierungssitz über das mesopotamische Tiefland erbaute.

ÄLTERE REKONSTRUKTIONEN VON PERSEPOLIS

Die Kenntnis von Persepolis durch Beschreibungen und Stiche wurde in Europa erst im 17. Jahrhundert möglich, als viele Reisende das Land besuchten. Vorher gab es nur vage Berichte und Phantasiezeichnungen. Die erste am Ort gezeichnete Ansicht stammt von André Daulier-Délandes, »Les beautéz de la Perse«, 1673. Als J.J.Winckelmann in Rom »Die Geschichte der Kunst des Alterthums« schrieb, die 1764 erschien, hatte er ausreichend Werke mit Stichen der Thronsaal-Reliefs und mit Ansichten von Persepolis zur Verfügung, besonders das von Cornelis de Bruin[7], der 1704 in Persepolis war (Abb. 3). Man kann also sagen, daß die archaische Epoche in Persien früher von den europäischen Forschern in den Blick genommen werden konnte als die Griechenlands, dessen archaische Denkmäler erst im frühen 19. Jahrhundert ans Licht traten.

Ein Vorklang der Rekonstruktionen von Persepolis findet sich in der ersten Hälfte des 18. Jahrhunderts bei Fischer von Erlach (Abb. 4). Der Barock-Architekt benutzte in seinem Stich »Ein Theil von der Burg zu Persepolis«[8] das Element der Terrasse mit doppelläufigen Treppenaufgängen, allerdings mit überkuppelten Toren und einer offenen Kolonnade im Mittelgrund, gestaltete im übrigen aber ganz frei eine Palastarchitektur in der Art von Versailles. Die Rekonstruktionen setzten dann erst in der Mitte des 19. Jahrhunderts ein.

Der französische Forscher Ch.Texier kam 1838 nach Persien und bemühte sich, in seinem ab 1839 veröffentlichen Werke[9] um eine exakte Wiedergewinnung der Bauten. Den Darius-Palast (I) konnte er im großen und ganzen rekonstruieren, da Säulen, Tür- und Fenstergewände und Wandpfeiler noch standen. Beim Thronsaal, dem Apadana (J), scheute er aber, einen geschlossenen Baukörper zu zeichnen, sondern nahm einen Kernbau und auf drei Seiten offene, isoliert stehende Kolonnaden an (Abb. 5). Dies beeinflußte auch die nachfolgenden Forscher wie E.Flandin und P.Coste, welche 1840/41 am Orte waren und ab 1844 veröffentlichten[10] und die sowohl beim »Tor aller Länder« des Xerxes (K) die Flanken offenließen und, ähnlich wie Texier am Apadana (J), die Vorhallensäulen als selbständige Kolonnaden ansahen (Abb. 6). Zur Bereicherung der Architektur verwendeten sie zwischen den Säulen hängende Teppiche, inspiriert von der Schilderung des Achämenidenpalastes in Susa im Buch Ester 1,6, wo von farbigen Tüchern, »mit weißen und roten Schnüren in silbernen Ringen an Alabastersäulen

Abb. 5 *Thronsaal von Persepolis. Rekonstruktion von Ch. Texier, veröffentlicht im Jahre 1839*[9]

Abb. 6 *Thronsaal von Persepolis. Rekonstruktion von E. Flandin und P. Coste aus den Jahren 1840/41*[10]

Abb. 7 Terrasse von Persepolis mit Thronsaal und »Tor aller Länder«. Rekonstruktion von J. Fergusson, veröffentlicht 1851[11]

aufgehängt«, die Rede ist. Diese sind aber nicht eigentlich Bestandteile der Architektur, sondern Sonnensegel, die sie an zahlreichen Isfahaner Palästen beobachtet und gezeichnet hatten.

Erst 1851 wurde durch den englischen Architekten J. Fergusson[11] ein besseres Verständnis gewonnen. Er erkannte, daß die fehlenden Wände aus Lehmziegeln errichtet waren, setzte allerdings zu niedrige Bauelemente an die Ecken (an Stelle echter Türme, obwohl er diese für möglich hielt) und kam so zu einem geschlossenen Baukörper. Ebenso rekonstruierte er das »Tor aller Länder« (K). Seine Lösung des Beleuchtungsproblems, nämlich hölzerne Aufbauten in der Art der »Throne« an den Felsgräbern über einer Öffnung im Dach, fand er selber nicht überzeugend, wollte sie aber zur Diskussion stellen (Abb. 7). Das Erstaunliche ist nun, daß diese vernünftigen Lösungen nicht anerkannt wurden, sondern daß noch 1890 Perrot und Chipiez[12] zu den Lösungen von

Flandin und Coste zurückkehrten, indem sie das »Tor aller Länder« (K) seitlich offenließen und den Apadana (J) wieder in Kolonnaden mit zu eng gestellten Säulen auflösten (Abb. 8 u. 9). Irgendwie entsprachen diese Rekonstruktionen den aufgelockerten Scheinarchitekturen, wie sie sich in der Ausstellungsarchitektur und in Bühnenbildern niederschlugen, und allgemein dem Exotizismus in der Architektur. Demgegenüber ist die Rekonstruktion von Fergusson mehr im nüchternen Geiste des Klassizismus von Ch. Wren geschaffen.

Erst im Anfang des 20. Jahrhunderts ist man zu einer richtigeren Vorstellung des Apadana (J) gekommen, so F. C. Andreas[13] und auf Grund seiner Ortskenntnis E. Herzfeld[14]. Die erste Anschauung des monumentalen Apadana-Baues (J) als kubische Struktur gab dann F. Krefter in Zusammenarbeit mit E. Herzfeld (Abb. 10). Diese Zeichnung von 1935 ist erst 1941 veröffentlicht worden[15], zusammmem mit einer Rekonstruktion von der Treppe

14

und dem »Tor aller Länder« von E. Bergner. Es war, wie mir F. Krefter einmal mitteilte, schon damals eine Rekonstruktion aller Bauten geplant, es sind damals aber nur diese beiden Zeichnungen fertig geworden. So blieb es eine große Aufgabe für uns, als wir 1963 das Unternehmen der zeichnerischen Rekonstruktion von Persepolis begannen. Es entsprach einem Bedürfnis der Forschung, denn alle anderen großen Ausgrabungsstätten hatten inzwischen ihre Rekonstruktionen in Zeichnungen oder auch im Modell erhalten, etwa: Babylon, Assur, Priene, Athen, Olympia und Pergamon.

PALAST UND GRAB DES VISCHTASPA

Zwischen Persepolis und der Felswand von Naqsch-i Rustam, worin die Königsgräber eingehauen sind, seitdem der Regierungssitz von Pasargadae nach Persepolis verlegt worden war, befindet sich ein unvollendetes Grab (Abb. 11). Es liegt nahe am Fluß, dem Pulvar-rud, der dort in die große Ebene der Marv Dascht eintritt. Es ist ein zweistufiger Aufbau in derselben Größe wie der Sokkel des Kyrosgrabes in Pasargadae. Fr. Krefter hatte die obere Stufe im Auftrage Herzfelds auseinandergenom-

Abb. 8 *Blick über Persepolis aus der Vogelperspektive. Rekonstruktion von Ch. Chipiez*[12]

Abb. 9 Nordostecke
des Thronsaales von
Persepolis. Rekon-
struktion von
Ch. Chipiez[12]

Abb. 10 Persepolis. Tripylon zwischen Hundertsäulensaal und Apadana. Blick aus der Vogelperspektive. Rekonstruktionszeichnung von F. Krefter[15]

▽ Abb. 11 Unvollendetes Grab am Pulvar-Fluß (sog. Tacht-i Rustam in der Dascht-i Gohar)

Abb. 12   Doppelgrab in der zweiten Sockelschicht des unvollendeten Grabbaues am Pulvar-Fluß (sog. Tacht-i Rustam in der Dascht-i Gohar)

men. »Interessant und bis heute kaum beachtet ist die Tatsache, daß in der Grundrißmitte der zweitobersten Schicht dieses Sockels ein Doppelgrab eingebaut war und daß in einem Grab ein goldener Anhänger achämenidischer Arbeit gelegen hatte, ganz ähnlich der Art, wie David Stronach sie bei seinen Grabungen in Pasargadae in den sechziger Jahren gefunden hat.« (Abb. 12)[16] Der Ohrring ist heute verschollen, und das Grab ist heute wieder zusammengefügt[17].

Ernst Herzfeld hatte gemeint, dieses Grab sei für den König Kambyses bestimmt gewesen. Diese Zuweisung würde eine Erklärung dafür bieten, daß es in den Maßen und in seiner Art dem Kyrosgrab gleichen würde, wäre es erst fertig geworden, da doch Kambyses des Kyros Nachfolger war. Und von des Kambyses Nachfolger Darius und den weiteren Königen der Achämenidendynastie haben wir ja die Felsgräber in der Felswand von Naqsch-i Rustam und oberhalb von Persepolis. Zu dieser Zuweisung paßt nicht, daß Kambyses als Nachfolger des Kyros in Pasargadae residierte und daß erst Darius die Residenz von Pasargadae nach Persepolis verlegte. Ein unvollendetes Grab des Kambyses würde man folglich in Pasargadae erwarten.

Nun sind in etwa 150 m Entfernung von diesem Grab die Reste eines Palastes gefunden, der stilistisch mit den älteren Palastbauten von Pasargadae in Verbindung steht.

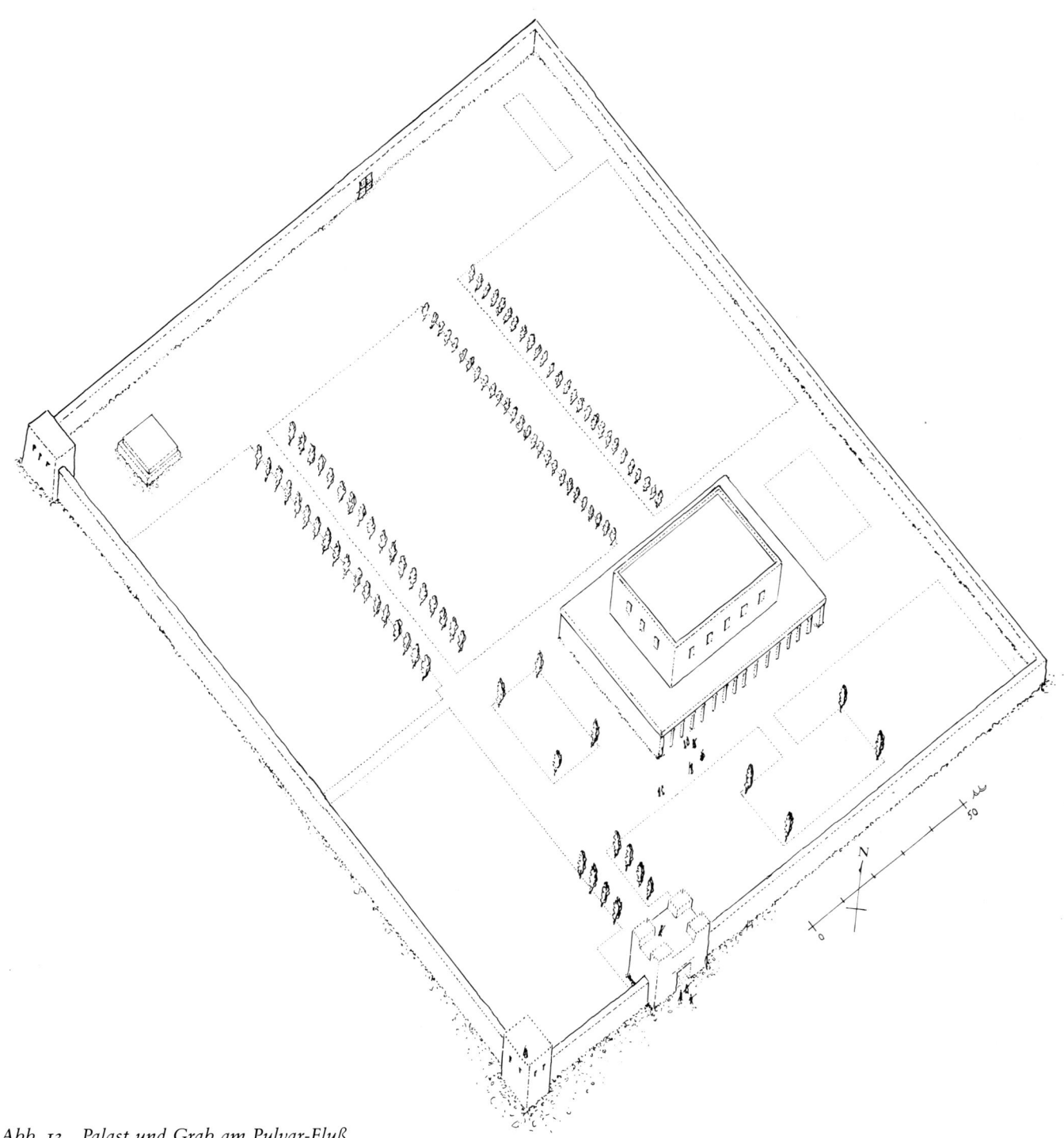

*Abb. 13 Palast und Grab am Pulvar-Fluß,
Rekonstruktion (Palast des Vischtaspa, wo vermutlich
Darius seine Kindheit verbrachte. Die Gartenanlage und die
Umfassungsmauer sind frei ergänzt.)*

Und wichtiger noch: Palast und Grab stehen in einem axialen Bezug zueinander. Sie sind in derselben Richtung angelegt (Abb. 13), und den Distanzen könnten runde antike Maße zugrunde liegen. In den Proportionen und in der Größe ähnelt der Palast den königlichen Bauten von Pasargadae (Palast S)[18]. Aber offenbar hatte er zwar Steinbasen, aber darauf nur Holzsäulen, und der Fußboden war auch nicht mit Stein gepflastert, sondern bestand aus dem üblichen Lehmboden. So macht der Bau einen in der Größe anspruchsvollen, in der Ausführung aber bescheideneren und lokaler Tradition stärker verpflichteten Eindruck. So möchte ich annehmen, es sei der Palast des lokalen Fürsten gewesen. Der befand sich offenbar in einem großen Garten, einem Park, dessen Größe und rechtwinklige Anlage wiederum an den königlichen Palast in Pasargadae erinnert und in dessen einem Winkel er sich sein Grab bauen ließ. Ich meine, daß es sich um den Palast des Vischtaspa handeln dürfte, des Vaters des Darius, der offenbar in der Marv Dascht zu Hause war. So kam es, daß sich sein Sohn später dort Persepolis baute. Vielleicht hat sich Vischtaspa sein Grab nach der Art des Kyrosgrabes bauen lassen, nachdem Darius bereits König geworden war, so daß er sich königlichen Anspruch leisten konnte.

PERSEPOLIS UND SEIN BAUHERR DARIUS

Der Bauherr des Weltwunders von Persepolis war Darius (Abb. 14). Er hat seinen Thronsaal nicht fertig gesehen. Er regierte von Palastbauten aus, die südlich unterhalb der Palastterrasse errichtet worden waren[19]. Erst sein Sohn Xerxes hat den Thronsaal vollendet. Aber Darius war der Mann, dem die besten Architekten der damaligen Welt gerade gut genug waren, seinen Thronsaal zu bauen.

Die Terrasse von Persepolis ist um eine Felsrippe herumgebaut, deren Oberfläche dafür geglättet, deren Seiten dafür abgearbeitet worden sind. Etwa 30 Jahre alt war Darius, als er im Jahre 520/519 v. Chr. auf eben jener Felsrippe seine Festung erbaute. Er fühlte sich bedroht, nur von seiner eigenen engsten Familie unterstützt, nachdem er den Thron aus einer Seitenlinie gewonnen hatte. Jedenfalls hat er die Residenz der Herrscher vor ihm in Pasargadae vermutlich aus dem Grund nicht weiterbenutzt, weil sie sich auf dem Grund und Boden der Familie seiner Vorgänger befanden, während seine eigene Familie

wohl in der Marv Dascht zu Hause war. Persepolis liegt am Rande dieser fruchtbaren, weiten Ebene.

Wenn sich nun Darius seine neue Residenz in Persepolis erbaute, auf jener vorgelagerten Felsrippe, so wahrscheinlich deswegen, weil er den Ort schon kannte. In seiner Bauinschrift steht, daß vordem dort noch nichts gebaut war. Also muß ihm diese Felsformation schon vordem aufgefallen sein, und das kann eigentlich nur in der Kindheit gewesen sein. In der Jugend hat er nämlich schon recht bald am Hof in Pasargadae Dienst getan, bis er im Stab des Kambyses als Lanzenträger eingesetzt wurde, als er gerade 21 Jahre alt war[20]. So war Darius vertraut mit der hohen Politik und erlebte sie aus nächster Nähe mit. Er hörte jedes Wort mit und mußte doch unbewegten Gesichtes zu allem schweigen. Abgesehen von dem persönlichen Vertrauten, der immer beim Herrscher ist und als Wedel- und Schirmträger fungiert, ist der Lanzenträger für die persönliche Sicherheit des Herrschers verantwortlich und bei allen öffentlichen Auftritten und Verhandlungen mit Dritten zugegen. Auf den Darstellungen, die den Herrscher bei Amtshandlungen zeigen, sind der Lanzenträger und der Streitaxt- bzw. Bogenträger dabei. Der Streitaxt- oder Bogenträger trägt die Waffen des Herrschers, ist persönlicher Waffenträger, nicht so sehr Leibwächter. Bis Darius in diese Position des Leibwächters aufsteigen konnte, hat er von früher Jugend an am Hof dienen müssen. Schon früh also war er von zu Hause weg. Wenn sich Darius dann als neuer Großkönig seine Residenz in Persepolis erbaute, dann muß er zu diesem Ort schon eine ältere persönliche Beziehung gehabt haben, und die kann eigentlich nur darin bestanden haben, daß Darius dort seine Kindheit verbracht hat. Ich stelle mir vor, daß der junge Darius, mit seinen Kameraden spielend, über die Felsen kletterte und dann auf der dem Bergkamm vorgelagerten, etwa 20 m hohen Felsrippe saß und sich dachte, daß sie ein idealer Platz sei, sich eine Burg zu bauen. Jungenträume!

Abb. 14 Darius, der Bauherr von Persepolis. Relief von der ▷
Nordtreppe des Thronsaales von Persepolis. Iran Bastan Museum, Teheran

Abb. 15   Thronsaal (J) von Persepolis. Mittelteil der Osttreppe

DER THRONSAAL

Auf der höchsten, am weitesten nach Westen vorspringenden Felskuppe sollte der Thronsaal stehen. Alles andere sollte er überragen, und das tat er dann auch. Eine große Felsfläche wurde geglättet, im Osten eine provisorische Terrassenmauer gebaut[21], so daß mit dem Bau dieses Wunderwerkes begonnen werden konnte, auch wenn noch lange an den Reliefverzierungen gearbeitet wurde, die dann später die Treppen und den Terrassensockel verkleiden und schmücken sollten (Abb. 15).

Die Terrasse von Persepolis ist rings von einer starken Festungsmauer umgeben. Nur dort, wo der Thronsaal, der Apadana (J), über 15 m hoher Terrassenmauer aufragte, ist die Terrasse offen. Der Thronsaal ist das Wunderwerk, das alle sehen sollen. In ihm verkörpert sich die Herrschaft des Achämenidenkönigs. Er ist das Zeichen und das Sinnbild der Herrschaft über die Welt. Das Achämenidenreich ist das erste Weltreich der Geschichte, und der Apadana von Persepolis ist das Symbol dieser Weltherrschaft. Aus der westlichen Vorhalle seines Thronsaales übersieht der König die weite Ebene seines Familienbesitzes, die begrenzenden Berge und die Wege in die Ferne. Vor dem Thronsaal ist die Aussichtsterrasse, die den Thronsaal mit der Landschaft verbindet. Diese Terrasse befindet sich auf gleicher Höhe mit dem Thronsaal, während doch von den anderen Seiten diejenigen, welche zur Audienz kommen, eine lange Treppe hinaufsteigen müssen. Daß dieser Thronsaal so offen, so luftig der Landschaft zugewandt sein kann, hängt damit zusammen, daß er nicht Teil eines Gewirres von Höfen und Räumen, sondern ein Bau für sich ist, ein frei stehender riesiger Baukörper, und der birgt nur einen einzigen großen quadratischen Saal von 60,5 m Seitenlänge (Abb. 30). Er ist die erste perfekte Verwirklichung eines Baukonzeptes, das in jüngerer Zeit erst wieder (1965-68) in der Berliner Nationalgalerie durch Mies van der Rohe eine meisterliche Variante erhielt.

DIE DACHKONSTRUKTION

Der Apadana von Persepolis mißt ca. 112 m im Geviert. Seine Höhe betrug mehr als 25 m. Sein künstlerischer Wert besteht in seiner Größe, in seinen Proportionen und harmonischen Maßen und vor allem in der Weite des Raumes (Abb. 16), die durch die besondere Konstruktion des riesigen Flachdaches möglich wurde.

Die konstruktive Eigenart der Säulensäle von Persepolis hat Friedrich Krefter erklärt[22]. Durch sie wurde die Schaffung weiträumiger Säulensäle möglich. Es ist die Deckenkonstruktion, wobei die Hauptbalken als Dreifachbalken gebildet sind, die wiederum die Neuschöpfung eines besonderen Kapitells als Träger der Dreifachbalken auf den Säulen notwendig machten. Das Problem wurde klar, als F. Krefter den Beamtenwohntrakt (C)[23] als Grabungshaus und Museum wiedererrichtete. Bei der Eindeckung der Vorhalle ergab sich eine beachtliche Differenz zwischen der Flucht der vorderen Säulenreihe und der in den seitlichen Steinpfeiler eingeschnittenen Gebälkprofile (Abb. 27). Des Rätsels Lösung ist, daß drei Balken nebeneinander über der Säulenreihe lagen. Sattelkapitelle mit einem im Sattel liegenden Querholz machten es möglich. Die Sattelkapitelle waren geschmückt mit den Vorderleibern von Tieren und dämonischen Wesen (Abb. 17). Wie diese Protomenkapitelle im Zusammenhang mit der Architektur aussahen, das ist an den Fassaden der Felsgräber ersichtlich, die einen Palast nachbilden. Bei früheren Rekonstruktionen des Daches[24] war ihr besonderer technischer Zweck nicht erkannt worden. Der ist erst F. Krefter aufgegangen, im praktischen Umgang beim Wiederaufbau des Beamtenwohntraktes. Er schreibt dazu: »Die Säulenstellungen in der Vorhalle, die durch die ausgegrabenen Säulenfundamente gesichert waren, stellten mich vor ein unerwartetes Problem. Es zeigte sich..., daß die Mittelachse der Säulenstellung der vorderen Säulenreihe 85 cm hinter der unteren Außenkante des Balkenausschnittes für das Gesims lag. Da die Säulen selbstverständlich nur mit zentrischer Last beansprucht werden konnten, so hätte der Balken über der ersten Säulenreihe 1,70 m breit sein müssen. Das war nicht möglich. So blieb nur die Lösung, aus dieser Breite drei Balken von normaler Breite zu machen, von denen der mittlere auf die Mitte der Säule zu liegen kam, während die beiden anderen auf dem nunmehr tektonisch erst richtig verständlich gewordenen Sattelholz lagen. Die Länge des Sattelholzes mußte nun ausreichend sein, um die drei Balkenbreiten einschließlich ihrer Zwischen-

räume aufnehmen zu können... Diese Lösung schien einfach und überzeugend und ließ sich auch auf alle anderen Paläste anwenden«[25].

Zwei oder drei Hauptbalken nebeneinander sind schon früher in Kleinasien und Iran verwendet worden. Es ist eine Bauform der Architektur von Urartu, daß mehrere schwächere Balken zu einem Hauptträger zusammengefaßt werden. Das ist zu sehen an dem bronzenen Modell eines Turmes von Toprak Kale am Vansee (Abb. 18)[26] oder an der großen Basis von der Kefkalesi oberhalb Adilcevaz im Museum in Ankara (Abb. 19)[27]. Die Balkenköpfe sind bei letzterer jeweils doppelt in größerem Abstand angegeben. Die Turmlisenen haben sogar je drei Balken nebeneinander! Man hat die Kunst dieses Reiches, das zwischen Van-See, Ararat und Urmia-See eine große Blüte erlebte und dadurch den Neid der Assyrer herausgefordert hatte, schon manchmal im Verdacht gehabt, für die Achämenidische Architektur eine wichtige Rolle gespielt zu haben. Wie die urartäischen Kapitelle ausgesehen haben, die die Last von zwei oder drei nebeneinanderliegenden Balken auf eine Stütze übertrugen, das wissen wir nicht. Wahrscheinlich war es schon ein Sattelholz, das eventuell in einer Astgabel der Stütze fixiert war. Drei Balken nebeneinander bildeten auch die Träger der Vorhallen der Saalbauten von Hasanlu in der Nähe des Urmia-Sees, wo in der Schicht IV frühe Säulensäle nachgewiesen sind. Die Dreifachbalken waren noch nicht mit einem Kapitell zusammengefaßt. Jeder einzelne von ihnen war auf je eine Stütze gelegt. Jeweils drei nebeneinander stehende Rundhölzer lehnen sich an die Laibung der weiten Vorhalle, drei stehen in der Mitte dazwischen (Abb. 21). Einerseits war gewiß die größere Tragkraft des Dreifachträgers gewünscht, andererseits scheint aber auch die wuchtige Wirkung der breiten Stützen und des breiten Trägers als nach außen gewendete Demonstration von Macht Absicht dieser Architektur gewesen zu sein, denn drinnen im Saal waren es vielleicht nur einfache Balken. Jedenfalls gab es schon die aus mehreren Hölzern kombinierten Tragebalken im westlichen Iran. In Persepolis, und vorher schon in Pasargadae, sind sie durch die Erfindung des Sattelholzkapitells zu einer ästhetischen und technischen Einheit verbunden worden. Das merkwürdige Protomenkapitell war also erfunden worden um der besonderen Konstruktion des Daches willen. Sie sind in Stein umgesetzte monumentale Formen, die in kleiner, einfacher Holzbauweise aus Astgabeln gestaltet worden waren. Durch das eingelegte Sattelholz wurde eine breite Auflage für mehrere, relativ

Abb. 16   Thronsaal (J) von Persepolis, Westliche Vorhalle

Abb. 18   Bronzemodell eines urartäischen Turmes, gefunden auf Toprak Kale am Van-See

Abb. 17   Stierkapitell vom Thronsaal in Persepolis. Teheran, ▷ Iran Bastan Museum

schwache Balken geschaffen. Auf die Protomenkapitelle des Apadana mit einer Rückenfläche von ca. 0,80 m Weite paßt ein Holz von etwa 1 m Stärke, dessen Höhe zusammen mit der Kapitellrückenhöhe von 1,13 m sich zur Höhe von 4 Ellen = 2,08 m Planmaß addiert (Abb. 20).

Die Teilung der Hauptbalken in Dreifachbalken kenne ich vom Parthenon in Athen. Der Architrav der Ringhalle ist hier in drei nebeneinander den Säulen aufliegenden Steinbalken unterteilt, während es normalerweise nur je zwei Balken nebeneinander sind. Hier ist offenbar in Stein umgesetzt, was man aus der Holzarchitektur kannte. Während für Stein- wie für Holzarchitektur gilt, daß geringere Dimensionen einfacher zu handhaben sind, so ist für die Holzarchitektur wohl der maßgebliche Grund für die Dreiteilung der Balken, daß Hölzer größe-

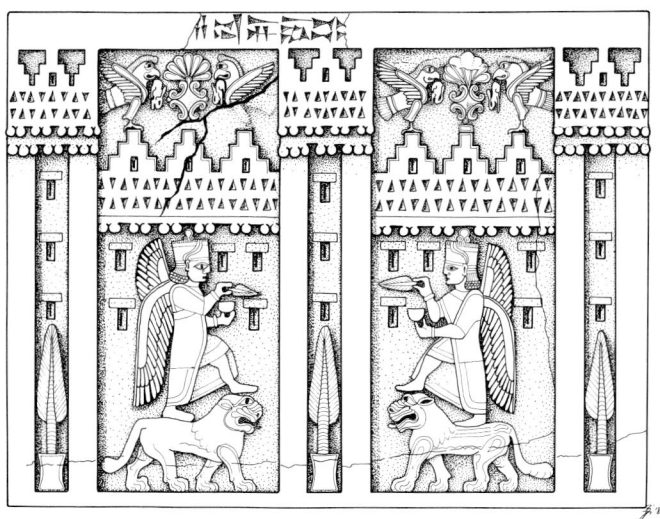

Abb. 19 *Reliefdarstellung einer urartäischen Festung auf einer Pfeilerbasis von Adilcevaz im Museum Ankara*

rer Dimension als die, welche für den Apadana gebraucht wurden, einfach nicht zu beschaffen waren. Ich komme zu einer Höhe der Dreifachbalken von 1,04 m Höhe bei 0,70 m Breite. Das Sattelholz ist 2,60 m lang. Darauf lagen dann die drei Balken von je 0,70 m Breite mit je

0,20 – 0,25 m Zwischenraum. Dieser Balkendimension käme statisch ein einzelner Balken von knapp 1,70 m Höhe und 1,00 m Breite gleich[28]. Auch wenn die Architekten des Apadana keine statischen Berechnungen angestellt haben, so waren sie sich doch darüber im klaren, daß ein Ersatz der Dreifachbalken durch einen einzelnen nicht in Frage kam, denn Balken entsprechender Stärke gab es nicht, keinesfalls in benötigter Anzahl. Mit der Wahl von Balken in der Höhe von 1,04 m und 0,70 m Breite wählten sie eine Dimension, die das Maximum dessen war, was zu beschaffen war. Zedern werden zwar ausnahmsweise sehr lang, aber einen Kopfdurchmesser in etwa 9 – 10 m Höhe von ca. 1,10 – 1,20 m haben wohl nur Altzedern. Als Beispiel erwähne ich einen Altbaum, eine Pinie mit gebrochener Krone aus dem Sila-Gebirge in Süditalien, der ca. 400 Jahre alt ist und einen Durchmesser von 4 Fuß = ca. 1,20 m hat[29]. Das bedeutet, daß für jeden einzelnen Hauptbalken des Thronsaales von Persepolis, und auch für den gleichen Thronsaal in Susa, eine ca. 400 Jahre alte Zeder gefunden, gefällt und zum Bauplatz gebracht werden mußte, und das zu einer Zeit, als schon lange die Wälder des Libanon und des Taurus für die Ansprüche der damaligen Welt ausgeräumt worden waren.

Oft genug setzt der Mensch das Größte, das Seltene, das Teuerste als den höchsten Wert, und so ist wohl auch die Konstruktion des Apadana zu verstehen. Die Dachkon-

Abb. 20 *Sattelkapitell mit Stierprotomen. Zeichnung des Kapitells vom unvollendeten Tor in Persepolis.*

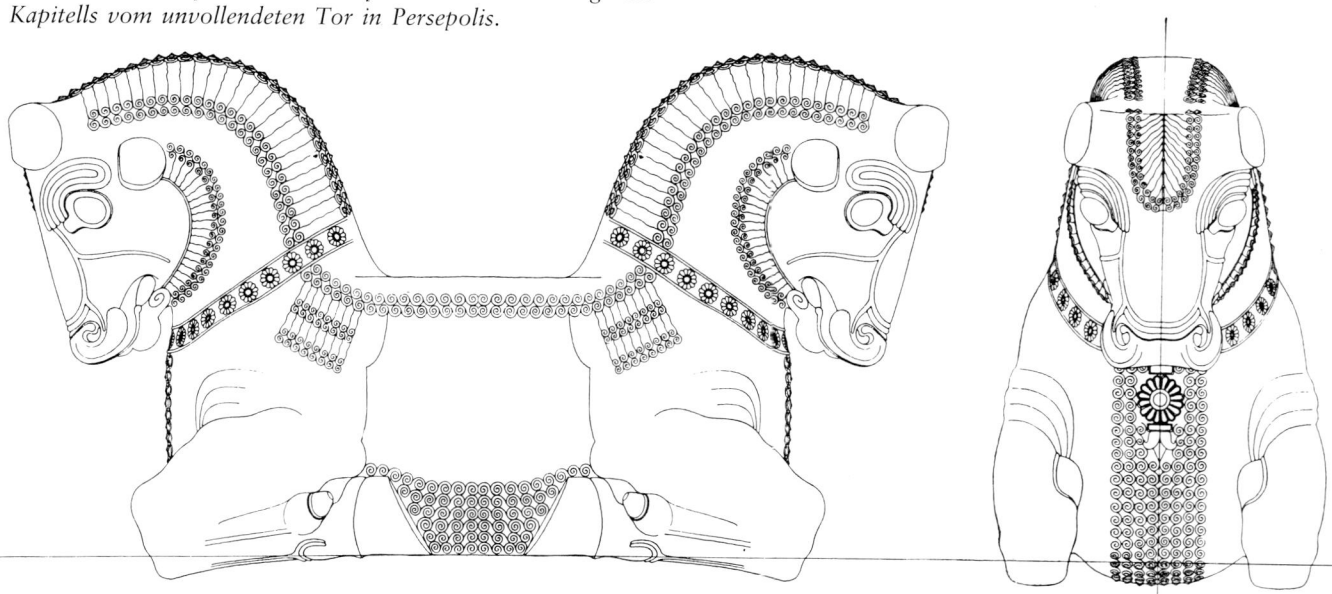

struktion ist die größte und teuerste, die der Orient je gesehen hat. Sie ist abhängig gemacht von dem, was der Baustoff Holz je hergeben konnte. Stärkere Holzbalken als die, welche für die Hauptbalken des Apadana verwendet worden sind, waren in der geforderten Zahl nicht zu bekommen. Balken, stärker als 3 Fuß = 2 Ellen, gab es nicht, und wenn, dann waren sie um Bruchteile von Ellen oder Füßen stärker, vereinzelte Raritäten, also als normgerechtes, d.h. dem Maßsystem entsprechendes Bauholz nicht einzukalkulieren und daher nicht zu gebrauchen. Derart große Dimensionen und das seltene Vorkommen dieses Baustoffes sind eine Herausforderung. Der Bauherr, König der Könige, der Achämenide, konnte sich rühmen, den größten und teuersten, den konstruktiv aufwendigsten Thronsaal zu besitzen. Der Architekt und die Bauleute konnten sich rühmen, ihr technisches Können bewiesen zu haben an den größten Dimensionen, die vom Material her zur Verfügung standen.

ALTORIENTALISCHE THRONSÄLE

Hier muß man fragen, was denn vorher war, was der Stand der Technik war, welche Dimensionen man bis dahin beherrscht hat, welchen Schritt vorwärts die Architekten der Achämeniden getan haben, als sie den Thronsaal von Persepolis und den von Susa entwarfen und planten und schließlich bauten.

Das Alte und das Neue, das Herkömmliche und das Wagnis stehen nebeneinander auf dem sog. Apadana-Hügel von Susa. Die Südhälfte dieses Hügels wird von einer Palastanlage eingenommen, die aus drei von Ost nach West hintereinander angeordneten Hofhäusern besteht. Im Norden dieser Anlage vorgebaut steht der Apadana, der Thronsaal, der von seinem Typ her das ganze Gegenteil eines Hofhauses ist. Er ist ein zumindest an drei Seiten frei gestellter, vom Innenraum her konzipierter Baukörper, dessen äußere Erscheinung die Einfassung des großen Thronsaales ist. Im Gegensatz dazu sind die Räume der Hofhäuser die Randbebauung des Hofes. Sie sind von seiner Größe abhängig, in ihrem Charakter aber hinter den Hoffassaden nicht erkennbar. Allenfalls ist ihre Funktion bezeichnet durch die Gestaltung der Zugänge, durch Gestaltung der Hofseiten mit einer architektonischen Reliefgliederung oder mit einer Dekoration in Farbe und mit Reliefbildern.

Die Gliederung der Südwand des dritten Hofes im Palast von Susa durch tiefe Nischen rechts und links einer weiten Öffnung von einem Drittel der Hofbreite[30] weist auf die Bedeutung des dahinterliegenden Raumes hin. Die Bogenöffnung von ca. 10 m Weite in einer annähernd 5 m dicken Mauer führt in den Raum des Palastes, den wir als Thronsaal ansprechen. Hier in Susa sind es drei Räume hintereinander. In den Laibungen des Durchganges zu dem hintersten der drei Räume sind die beiden Urkundentexte gefunden, von denen die eine eine Version der berühmt gewordenen sog. »Magna Charta von Susa« ist[31].

Von Interesse sind hier die Größenverhältnisse. Der erste Raum, der eine breite Öffnung von 20 Ellen (ca. 10 m) zum Hof hat und deswegen nicht verschlossen werden konnte (es sind auch keine Türangelsteine gefunden), ist 34,35 m breit bei einer Tiefe von 9,25 m. Der zweite Raum ist gleich groß. Er konnte hingegen verschlossen werden. Der dritte, hintere Raum ist nur 1/3 so breit wie die beiden anderen bei ähnlicher Tiefe. Dort liegt an der linken Seite eine polierte Steinplatte, in die Seitenmauer eingelassen, so daß klar ist, daß über der Platte der Lüftungsschacht endete, der badgir, der Windfänger, unter dem es sich im Sommer aushalten läßt. Zwei große Thronsäle sind hier hintereinander angeordnet und miteinander verbunden und bieten großzügig Raum. Aber der einzelne Raum ist nur 9,25 m tief.

Der größte aller Thronsäle, die sich die Könige Mesopotamiens bis dahin hatten bauen lassen, das war der Nebukadnezars in Babylon. Er ist ein Breitraum von 51,85 m Länge und einer Tiefe von 17,52 m. Das ist eine ganz enorme Tiefe, denn diese fast 18 m mußten ja mit einer Balkenlänge überdeckt werden. Man wird damit rechnen müssen, daß für diese Decke Balken von 1 m Stärke verwendet worden sind. In diesem Falle darf man wohl mit Rundholz rechnen. Wie schwer sich Nebukadnezar mit der Beschaffung dieser Balkendecke getan hat, das steht in der Inschrift im Wadi Brisa / Nahr Kalb Col. IX 7,33 ff.[32]:

> »Was kein früherer König getan hatte(, tat ich, nämlich): Schroffe Berge spaltete ich, Steinblöcke sprengte ich ab vom Gebirge, öffnete die Zugänge, ließ eine Gleitbahn herrichten für die Zedern. Vor Marduk den König (brachte ich) mächtige, hohe, starke Zedern, deren Güte ausgezeichnet, deren dunkles Aussehen hervorragend war, das reichlich gedeihende Ertägnis des Libanon. Wie Rohr... ließ ich (sie) den Kanal Arachtu..., in Babylon Balken,... «.

Nebukadnezar mußte bis dahin unzugängliche Regionen des Libanon aufsuchen und viel Mühe verwenden, die großen Bäume zu fällen und die starken Balken für sein anspruchsvolles Bauvorhaben zu bekommen. Für seinen großen Thronsaal wird er etwa 17 Hauptbalken verwendet haben, wenn man annimmt, daß die Zwischenräume zwischen den Hauptbalken etwa 2 m breit waren, die dann mit schwachen Hölzern von ca. 3 m Länge überdeckt gewesen sind.

Demgegenüber brauchte Darius für den Apadana (J) von Persepolis zwar nur halb so lange Balken bei gleicher Stärke, dafür aber 252 Stück! Eine riesige Zahl von Altzedern wurde also gebraucht. Der Apadana-Thronsaal ist gegenüber dem mesopotamischen aber auch etwas ganz anderes! War der Innenraum des Thronsaales Nebukadnezars 900 m² groß, so hat der Innenraum des Apadana über 3600 m²! Der Apadana ist etwas ganz Neues. Mit ihm ist ein gegenüber dem mesopotamischen Thronsaal viel größerer, geweiteter Raum entstanden, dessen Vorhallen allein jede anderthalbmal so groß ist wie der größte mesopotamische Thronsaal. Und die Vorhallen waren doch nur Schattendächer, eine Art Baldachin. Ein solcher Raum war noch nie geschaffen worden. Und eine solche Raumgröße ist gewiß ein Fortschritt gegenüber dem, was in Mesopotamien bisher geleistet worden war. Dieser Fortschritt ist aber nicht als Entwicklung zu sehen, nicht entstanden in Entfaltung und Verbesserung eines Grundkonzeptes, sondern dieser Fortschritt wurde erreicht durch die Monumentalisierung eines Gegenkonzeptes. Das Gegenkonzept ist kleinasiatisch-iranisch. Es ist der Repräsentationsbau als Säulensaal, der allerdings in Kleinasien und Iran stets ein Saal mit Holzstützen war.

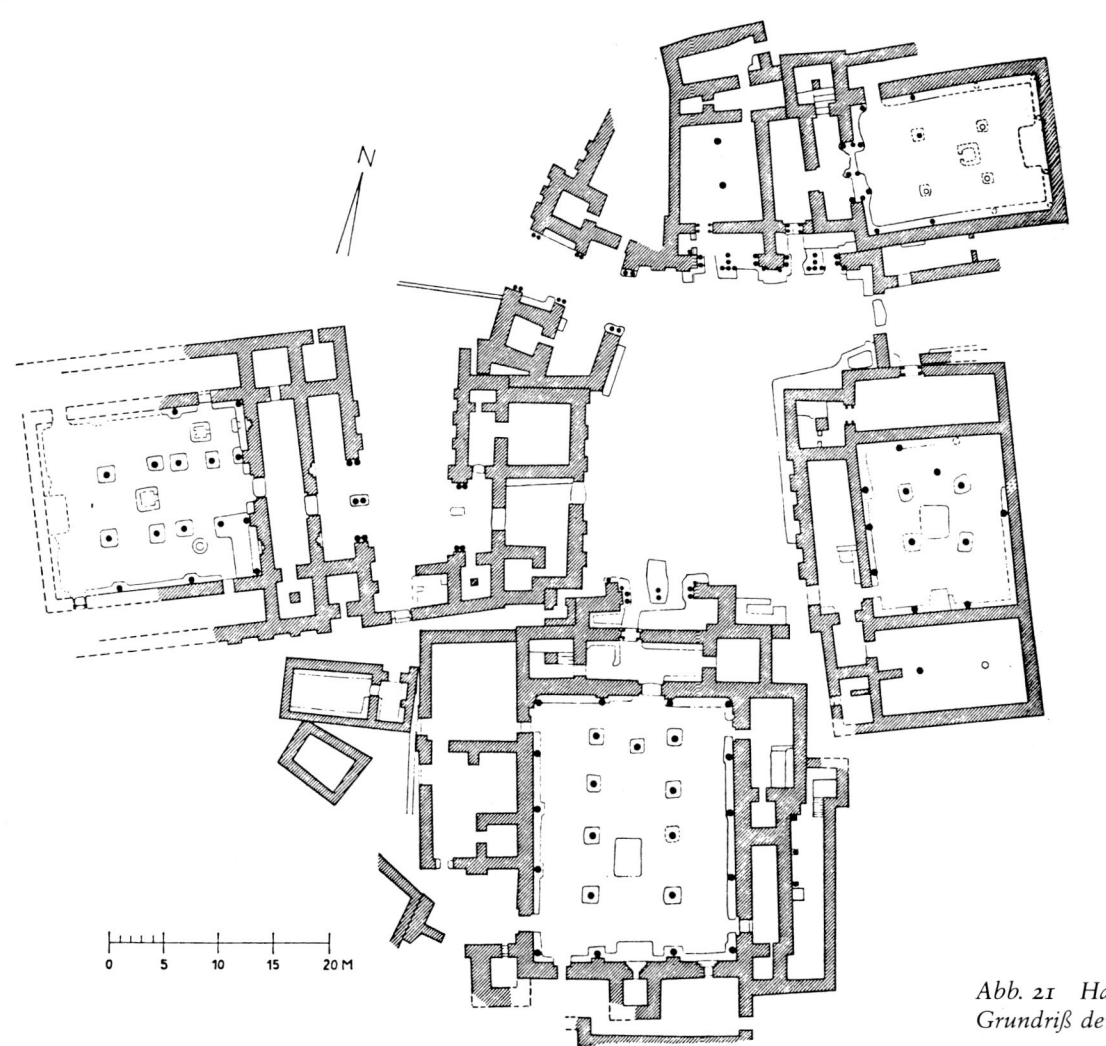

Abb. 21 Hasanlu.
Grundriß der Herrenhäuser

ZUR GESCHICHTE DES SÄULENSAALES

Die Urartäer kannten große Säulensäle, und auch schon für die Zeit des hethitischen Großreiches in der zweiten Hälfte des 2. Jahrtausends v.Chr. hat R.Naumann überzeugend die Existenz eines großen säulengestützten Saales erschlossen[33]. Dieser dürfte der früheste nachweisbare Säulensaal sein, von dem die späteren abhängig sind.

In Iran sind früheste säulengestützte Saalbauten vom Anfang des 1. Jahrtausends v.Chr. in Hasanlu (Schicht IV) belegt (Abb. 21). Diese Schicht ist verbrannt, so daß sich der Aufbau aus den Befunden recht gut rekonstruie-

ren läßt. Die beiden größeren Häuser haben einen Saal, dessen Decke von zwei Reihen zu 4 frei stehenden Holzstützen getragen wird. Dazu kommen noch Holzstützen, die unmittelbar vor der Lehmziegelwand stehen. Ein breitgelagerter Vorraum und eine sich nach außen weit öffnende Vorhalle sind später angebaut[34]. Offenbar handelt es sich um eine modische Übernahme dieser architektonischen Form aus dem nordsyrischen Bereich, wo sie typisch für Palastbauten ist, zu etwa der gleichen Zeit, als solche Vorhallen auch in Assyrien in Mode kamen.

In Medien, im westlichen Zentraliran, wo auf dem Tepe Nusch-i Djan eine recht große Säulenhalle ausgegraben wurde (Abb. 22), deren Decke von 12 Holzstützen in drei Reihen getragen wurde[35], ist der breite Eingang mit einer

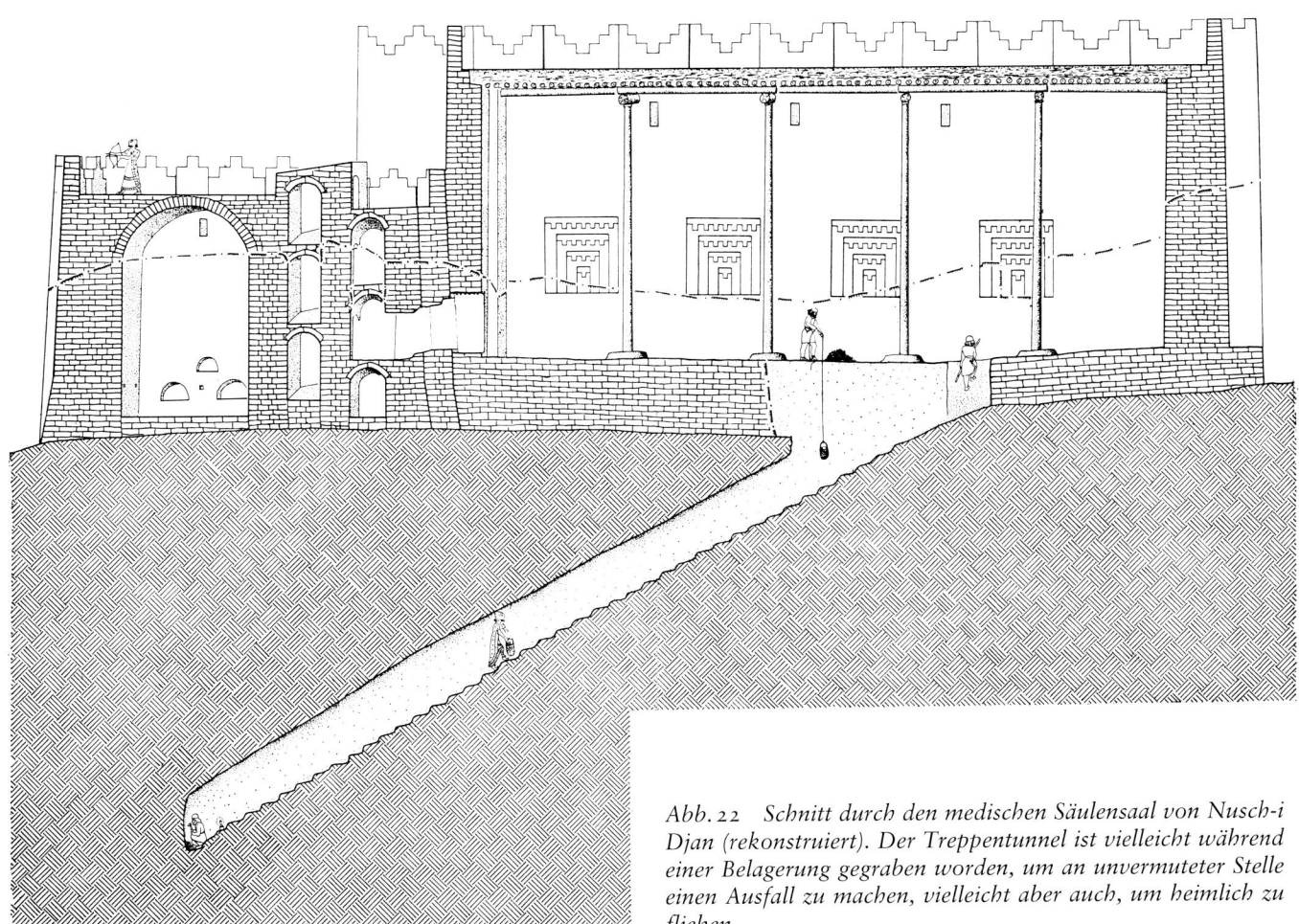

Abb. 22   Schnitt durch den medischen Säulensaal von Nusch-i Djan (rekonstruiert). Der Treppentunnel ist vielleicht während einer Belagerung gegraben worden, um an unvermuteter Stelle einen Ausfall zu machen, vielleicht aber auch, um heimlich zu fliehen.

Abb. 23 Palast S von Pasargadae, Rückseite. Rekonstruktionszeichnung von F. Krefter (1973)

Mittelstütze nicht üblich gewesen. Auch auf dem Godin Tepe, auf dem ein quadratischer Raum von 25 m Seitenlänge aufgedeckt worden ist, dessen Decke von 5 Reihen zu je sechs Stützen getragen wurde, scheint eine Vorhalle in der erwähnten Art nicht existiert zu haben[36]. Die Achämeniden, die die Meder politisch und auch kulturell beerbten, kannten die medischen Säle. Und wenn auch das Vergleichmaterial aus medischer Zeit spärlich ist, so läßt sich doch bei aller gebotener Vorsicht eine gewisse Ähnlichkeit des Säulensaales P in Pasargadae mit den medischen Sälen feststellen: Die Eingänge in den Säulensaal sind nach der einen Schmalseite aus der Mittelachse verschoben. Je einer führt von den Langseiten her in den Raum. In Tepe Nusch-i Djan befinden sich die beiden Eingänge ganz an den Ecken des Saales, und ähnlich

scheint es auch in Godin Tepe gewesen zu sein. In Pasargadae wie bei den medischen Beispielen sind die Säle auf eine Seite hin ausgerichtet. Wenn man dann weiß, daß die späteren Säle von Persepolis quadratisch sind und daß dieser quadratische Grundriß auf Einfluß aus anderen Bereichen zurückgeführt werden kann, Bereiche, die uns in der Magna Charta von Susa genannt sind, dann scheint es gerechtfertigt, den Grundriß des Palastes P von Pasargadae aus der einheimischen bzw. medischen Tradition zu erklären.

Ein Charakteristikum des Thronsaales von Persepolis wie auch der Vorgängerbauten in Pasargadae sind die vorgelagerten Säulenhallen. Sie finden sich im Medischen nicht, und sie sind auch nicht als eine Vergrößerung der Vorhallen aufzufassen, wie sie in Hasanlu vorkommen.

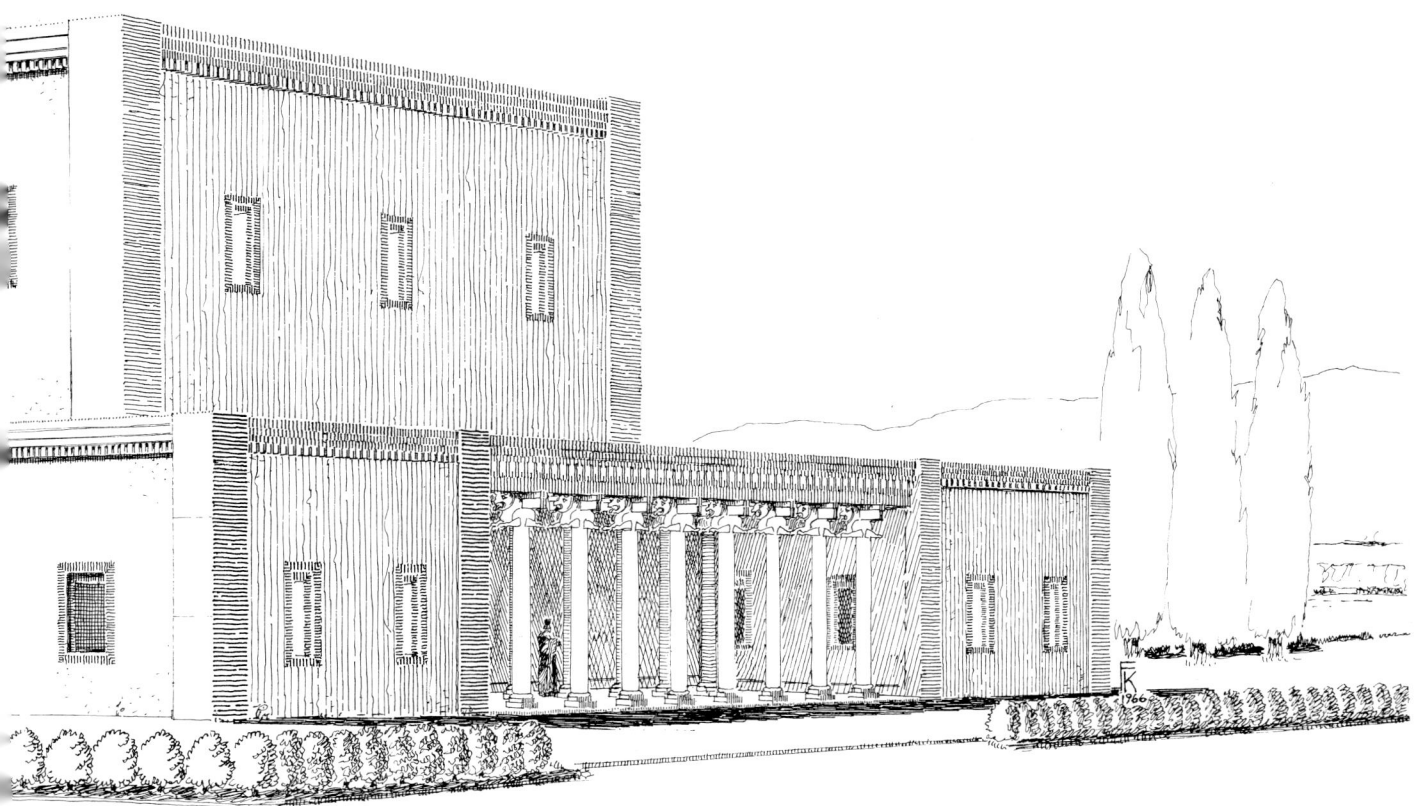

Dort dient die Stütze in der Mitte des Einganges dessen Erweiterung, während doch die Säulenreihen der Vorhallen der Paläste von Persepolis einen eigenen Charakter haben und nicht nur Hilfsfunktion. In Pasargadae wird der Eindruck von dem Gebäude durch den hohen Kubus des Säulensaales bestimmt, vor den — weit niedriger — eine lange Säulenhalle gelegt ist. Eine ältere Rekonstruktionszeichnung Friedrich Krefters von Palast S in Pasargadae (Abb. 23) gibt nur die Rückseite wieder, an der die Säulenhalle von kleinen Räumen eingefaßt wird, wodurch der Bau verdichtet und massiv erscheint[37]. Doch an der Frontseite erstreckt sich die Säulenhalle weit über den dahinterliegenden Baukörper hinaus nach beiden Seiten, und an Palast P von Pasargadae ist die Säulenhalle an der Frontseite im Verhältnis noch länger[38].

Die niedrigen und langgestreckten Säulenhallen vor den Palästen von Pasargadae haben einen anderen Charakter als die Vorhallen des Apadana von Persepolis beispielsweise. Derartig lange Säulenhallen mit repräsentativem Charakter kennen wir aus dem griechischen Bereich. Die Stoa ist aus dem öffentlichen Leben der Griechen des Altertums nicht wegzudenken. Sie umrahmt Marktplätze, Heiligtümer und Gymnasien, und ihr Repräsentationswert bemißt sich nach ihrer Länge. Sie diente dem öffentlichen Leben, Gesprächen, Handels-, Verwaltungs- und Rechtsgeschäften. Wie C. Nylander nachgewiesen hat, und zwar speziell an der Steinmetztechnik[39], haben Griechen an der Architektur von Pasargadae mitgearbeitet. Am Kyrosgrab habe ich gezeigt, daß sich die Mitwirkung der Griechen nicht nur auf die Technik der Steinbe-

Abb. 24   Erhöhter Thronsitz in der Mitte der Bank, die an der
Wand der Vorhalle des Palastes P von Pasargadae umläuft

arbeitung beschränkt, sondern daß auch Architekten bei der Bauplanung mitwirkten[40]. Die langgestreckten Vorhallen kommen in vorachämenidischer Zeit in Iran nicht vor. Andererseits sind sie eine typisch griechische Einrichtung und Bauform. Da wir um die Mitwirkung grie-

chischer Architekten in Pasargadae wissen, dürfen wir auch die Vorhallen vor den Palastbauten als einen Beitrag griechischer Architekten zur achämenidischen Architektur ansehen.

Noch etwas kommt hinzu: Die Vorhallen des Apadana

(J) von Persepolis sind an den Wänden entlang mit steinernen Sitzbänken ausgestattet. Dasselbe finden wir im »Tor der Länder«(K), das von Xerxes erbaut worden ist. Da ist die umlaufende Bank in der Mitte durch einen etwas erhöhten Thronsitz unterbrochen. Das war eine medische Einrichtung, denn wir finden das gleiche im großen Säulensaal auf dem Godin Tepe und auch in Hasanlu. Öffentliche Sitzungen fanden offenbar so statt, und dabei wurden wohl auch rechtliche Fragen diskutiert und entschieden. So ist auch in der langgestreckten Vorhalle des Palastes P von Pasargadae eine Bank entlang der Wand gebaut, unterbrochen in der Mitte durch einen erhöhten Thronsitz (Abb. 24)[41]. Ein Widerspruch aber besteht zwischen der langgestreckten Halle und der Einrichtung, denn über so lange Distanzen, die Halle ist 72,5 m lang, war kein Gespräch mehr zu führen, zumal doch die Vorhalle zum Garten zu geöffnet war: Der griechische Architekt versuchte mit seinem Entwurf seine Vorstellung von Öffentlichkeit im Bauwerk zum Ausdruck zu bringen. Für ihn war der Inbegriff von Öffentlichkeit und Politik und Rechtsgeschäft die Stoa, die langgestreckte Säulenhalle. Da die Vorhallen der Paläste zu Amtsgeschäften des Königs, vielleicht für Audienzen geringeren protokollarischen Ranges, dienen sollten, schuf er für sie diese niedrigen, aber langgestreckten Säulenhallen. Der Thronsaal selbst ist dagegen viel höher. Gegenüber den Palästen von Pasargadae und speziell dem Palast P ist der Apadana des Darius (J) von Persepolis etwas durchaus anderes und Neues. Der allgemeine Charakter des Thronsaales als eines weiten säulengestützten Raumes ist weiterentwickelt und ins Enorme gesteigert. Der Raum ist nicht mehr auf eine Schmalseite hin gerichtet, sondern quadratisch geworden mit symmetrisch in den Achsen angebrachten Türen. Die durch die Funktion notwendige Ausrichtung auf eine Seite, vor der in der Mitte der Thron des Großkönigs stand, wurde dadurch erreicht, daß in der Südwand zwei Türen rechts und links des Thrones in den Saal führten, denen entsprechend gleichfalls zwei Türen von der nördlichen Vorhalle in den Raum angeordnet sind. Damit wurde auch erreicht, daß der Eintretende dem Großkönig nicht direkt gegenübertreten konnte und eine gewisse Intimität der Audienz trotz der Größe und Weite des Raumes gewährleistet blieb.

Die Vorhallen sind jetzt keine »griechischen« Stoen mehr. Ihre Höhe ist gleich der des dahinterliegenden Saales. Merkwürdigerweise sind für den Thronsaal selbst wie für die nördliche Vorhalle, die die Hauptansichtsseite

Abb. 25 Säulen vom Thronsaal in Persepolis. Rekonstruktionszeichnung von F. Krefter

des Baues ist, von der geforderten Gesamthöhe der Säulen von 19,175 m knapp 8 m auf die Kapitelle verwandt, so daß die eigentlichen Säulen nur gut 11 m hoch waren, gegenüber einer Säulenhöhe ohne Kompositkapitell in der östlichen und in der westlichen Vorhalle von etwa 17 m (Abb. 25). Die knapp 8 m hohen Kapitelle sind eine Komposition von verschiedenen Baugliedern. Nirgendwo anders findet man sie, und man hat bisher keine Erklärung für sie gefunden. Offenbar sind sie für den Palast von Persepolis erfunden worden, um die hohen schlanken Säulen zu vermeiden. Mir scheint, daß auch hier ein Architekt tätig war, der mit der niedrigen Säule die profane, öffentliche Funktion des Bauwerkes zum Ausdruck bringen wollte, die für einen Griechen mit der Stoa assoziiert wurde.

DAS ZEUGNIS DER ARCHITEKTEN

Die riesigen Steinsäulen mit ihrer enormen Tragfähigkeit machten die Deckenkonstruktion des Apadana (J) möglich. Der weite Achsabstand der Säulen von etwa 8,5 m bedeutet, daß jede Säule über 72 m² Dachfläche zu tragen hat, was ein Gewicht von etwa 85 t ausmacht[42]. Ich bin überzeugt, daß ein Mann aus Griechenland dieses technische und ästhetische Wunderwerk schuf (Abb. 26), in dem die Völker des Reiches sich versammelten, um dem einen gerechten Herrscher untertan zu sein, der ein Perser war. Säulenkonstruktionen wie die von Persepolis gab es vordem in Griechenland. Und Zeugnis von Griechen sind auch die Gründungsdeposits, die F. Krefter mit den Gründungsurkunden fand: »Im Fundament unter der Kassette (mit den Gründungsurkunden des Darius in der NO-Ecke des Apadana) fanden wir neben ein paar Stückchen Bernstein vier goldene Krösusstatere und zwei silberne griechische Münzen — Ägina und Abdera — im Lehm eingebettet.« Und über das Deposit in der SO-Ecke schreibt er: »Unter der Kassette lag wiederum ein Depot von Münzen, und zwar vier Krösusstatere und drei griechische Münzen, dieses Mal von Cypern und Paphos und eine Herakles-Münze unbestimmter Herkunft«[43]. Die Diskussion um die Münzen bei F. Krefter und bei E. F. Schmidt, der sie publizierte[44], bemüht sich um die Datierung, wodurch die Datierung des Apadana präzisiert werden konnte. Die letzte Äußerung dazu findet sich bei F. Krefter[45], der eine briefliche Äußerung von E. S. G. Robinson zitiert, der als frühestes Datum für die Deponierung das Jahr 515 v. Chr. annimmt[46]. Wahrscheinlicher aber ist ein späteres Datum, denn die Planung und Organisation, die Abarbeitung des Felsens und der Bau der riesenhaften Terrasse hat sicher länger gedauert als 5 Jahre, wie auch Herzfeld schon gesehen hat[47]. Die Formulierung in den Gründungsurkunden, worin die Größe des Reiches von Lydien im Westen bis nach Indien im Osten bestimmt wird, spricht dafür, die Urkunden in die Zeit des ionischen Aufstandes (500/499–494 v. Chr.) zu datieren, als Darius alle Gebiete westlich von Sardis verlorengegangen waren[48]. Eine Datierung in den Beginn des

5. Jahrhunderts v. Chr. entspricht dem Datum für die Münze aus Paphos in dem Südost-Deposit[49]. Weder gestellt noch beantwortet ist die Frage, warum und von wem diese Münzen deponiert worden sind. Vielleicht hat man bisher angenommen, daß die Münzen zusammen mit den Urkunden eine Einheit bilden und von König Darius deponiert wurden. Daran zweifle ich: Die Gründungsurkunden des Darius sind ja in Steinkassetten niedergelegt, die ihrerseits mit einem Steindeckel verschlossen waren. Damit war von seiten des Herrschers mit ausreichender Deutlichkeit kund getan, daß er den Bau in Auftrag gegeben und finanziert hatte. Die Münzen unter der Kassette, im Lehmmörtel, in den die Kassette gesetzt war, erklärt sich mir als das Opfer der Bauleute, die für die technische Qualität des Werkes die Garantie übernahmen, dafür ihr Wort gegeben hatten. Von ihnen sind die Münzen niedergelegt worden — man kann wortwörtlich sagen: auf uns Archäologen gemünzt! — als Ausweis ihrer Herkunft. Es wird sich also um Münzen ihrer Vaterstadt handeln, nicht um irgendwelches Geld, sondern um bedeutsame Urkunden von hohem materiellen, aber eben auch von dokumentarischem Wert. Man muß sich vorstellen, daß die Niederlegung der Münzen und der Kassetten mit den Gründungsurkunden und deren Einmauerung in einem feierlichen Akt der Grundsteinlegung begangen wurde, daß da Reden gehalten und die Hilfe der Götter beschworen wurden, daß der König mit Familie und Gefolge und Gäste und alle Bauleute anwesend waren. Jeder einzelne Gegenstand ist unter Anteilnahme der Öffentlichkeit eingemauert worden, und das heißt, daß jedem einzelnen Gegenstand Bedeutung beigemessen wurde, auch schon im Hinblick darauf, daß er Glück und ja kein Unglück bringe. Wenn also hier lydische, zyprische und griechische Münzen gefunden wurden und Stückchen von Bernstein, so sind das Zeichen der verantwortlichen Architekten und Bauleute, die damit zur Kenntnis geben, woher sie kommen, und die die technische Qualität des Bauwerkes, in die auch die ästhetische eingeschlossen ist, verantworten. Sie stammen aus Lydien, aus Zypern und Griechenland. Wert und Zahl der lydischen Münzen (4 Goldmünzen!) lassen erkennen, daß der entwerfende Architekt und Baumeister, der zugleich die Bauaufsicht hatte, ein Lyder war. Eine der Münzen von Zypern ist genauer auf Paphos zu beziehen. Im Aphrodite-Heiligtum von Alt-Paphos steht ein Pfeiler von einer Halle, in dessen Oberseite das Profil für das Gebälk in gleicher Weise eingeschnitten ist wie beispielsweise bei dem Seitenpfeiler der Vorhalle vom

◁ *Abb. 26 Thronsaal von Persepolis. Blick durch die Osttür nach Westen*

*Abb. 27
Seitenpfeiler der
Vorhalle vom
Darius-Palast (I)
in Persepolis*

Darius-Palast (I) in Persepolis (Abb. 27 und 28). In Paphos findet sich damit eine Konstruktionsweise von Säulen- oder Pfeilerhallen und eine Art des Umganges mit großformatigen Bausteinen, die der von Persepolis erstaunlich nahe ist. Zwar ist die Pfeilerhalle und die aus riesigen Blöcken gefügte Umfassungsmauer des älteren Heiligtums zuletzt in die späte Bronzezeit (ca. 1200 v. Chr.) datiert worden[50], doch sollte vielleicht auch eine Datierung in archaische Zeit in Frage kommen. Die Vorliebe für großes Format und die Fähigkeit, mit riesigen Monolithen zu bauen, und die Einklinkung des Gebälks in die Seitenpfeiler könnte dann von zyprischen Handwerkern nach Persepolis mitgebracht worden sein, die somit für die Arbeiten aus großformatigen Steinen zuständig waren. Die Ägineten sind vielleicht für den Reliefschmuck verantwortlich gewesen. Und die Bernsteinstücke sind vielleicht Zeichen dafür, daß auch Leute dabei waren, deren Beziehungen bis zu Bernsteinvorkommen reichten. Vielleicht haben die Bernsteinstücke die Kiliker niedergelegt[51], die in der Urkunde des Darius von Susa als diejenigen erwähnt sind, welche mit den Ioniern den Zederntransport von Babylon nach Susa durchführten. Vielleicht waren sie deswegen mit dieser schwierigen und heiklen Transportaufgabe betraut, weil sie die berühmtesten Seefahrer des Mittelmeeres waren und vielleicht solche Spezialtransporte wie der riesiger Holzstämme ihre Domäne war, da sie selbst Langholz aus den Wäldern des Taurus ausführten. Und als Seespediteure wußten sie vielleicht am besten — und vielleicht war das ein gutgehütetes Geheimnis — wo man Bernstein bekommen konnte. Vielleicht kannten Sie den rumänischen Bernstein am Karpatenbogen, wohin man über die Donau gelangen konnte?

Für mich ist die Feststellung wichtig, daß der Hauptteil des Deposits, der Hauptteil nach Zahl und Wert, lydische Goldmünzen sind und daß man daraufhin annehmen kann, daß der Entwurf des Apadana und seine technische Ausführung lydisch-ionisch sind. Die Griechenstädte wie Magnesia, Priene, Kolophon, Smyrna, Ephesos, fast die ganze Westküste Kleinasiens und die küstennahen Inseln außer Milet waren der lydischen Oberherrschaft untertan. Wenn es ein Politikum darstellt, daß ein Lyder der Architekt des Thronsaales (J) von Persepolis war, dann sollte bedacht sein, daß politisch gesehen die ionische Baukunst des späten 6. Jh. der lydischen zuzurechnen ist. Der lydische Architekt kam mit neuen Ideen und war vielleicht geschult auf der Baustelle des Artemision von Ephesos. Dort allein hatte man mit Dimensionen zu tun,

Abb. 28   Pfeiler von der Pfeilerhalle im Aphrodite-Heiligtum von Alt-Paphos, Zypern

Abb. 29   Thronsaal (J) von Persepolis, der sog. Apadana   ▷

die denen von Persepolis nahekamen. Ein Mann, geschult an dem Bauwerk, das in der Antike unter die Weltwunder gerechnet wurde, schuf den Thronsaal des Perserkönigs Darius in Persepolis (Abb. 29).

PROPORTIONEN UND MASZE

Der künstlerische Wert des Thronsaales besteht unter anderem in seiner Größe, aber auch in seinen Proportionen und harmonischen Maßen, die seine »Ordnung« darstellen. Die Maßeinheit, mit der man damals gemessen hat, liegt bei etwa 1/2 m = 1 »Elle«. In Zusammenhang damit steht der »Fuß«, der 2/3 der Elle mißt. Wie groß die in Persepolis verwendete Elle in metrischen Maßen ist[52], das kann man nicht durch statistische Auswertung von verschiedenen Maßen gewinnen, sondern man muß versuchen, die Proportionen des Baues zu verstehen. Was dem einzelnen Bauhandwerker vermittelt werden mußte, das waren einfache, glatte Maße, die er sich merken konnte[53]. Und auch ein Entwurf dürfte von einfachen Proportionen ausgehen.

Was ist das, was dem Bauherrn als Skizze vorgelegt wurde? Im Falle des Apadana (J), des Thronsaales des Achämenidenkönigs, war es wohl die Fassade, aus deren äußerer Erscheinung sich das Innere des Gebäudes erschließt: Eine breitgelagerte Säulenhalle ist eingefaßt von mächtigen Ecktürmen. Die Säulenhalle mit 2 Reihen von 6 Säulen spiegelt den Thronsaal, der dahinter liegt und von 6 mal 6 Säulen getragen wird. Die Breite der Türme entspricht der Tiefe der Säulenhallen und gibt somit deren Maß wieder. Die Gesamtlänge des Gebäudes mißt 112 m. Dahinter verbirgt sich das Gesamtmaß von 215 Ellen. Wir werden gleich sehen, warum man dieses Maß als Gesamtlänge wählte. Wie Karl Siegler gesehen hat, bestand nämlich die Aufgabe des Architekten darin, die vorgegebenen 7 Abstände zwischen den Säulen der Vorhalle mit den Ecktürmen so zu einer maßharmonischen Gesamterscheinung zu verbinden, daß die Teilung der Fassade im Verhältnis 3 : 7 : 3 entstand (Abb. 30). Die Fassade wurde also in Säulenabstände aufgeteilt, so daß 13 Einheiten entstanden. Für diese 13 Einheiten wurde eine Gesamtzahl von Maßeinheiten gesucht, in der die Teilung von 3 und 7 und 3 aufging. Man wählte als Gesamtlänge des Bauwerkes 215 Ellen, in der die Größe von 3/13 (= Turmbreite) ca. 50 Ellen und die Größe von 7/13 (= Vorhalle) ca. 115 Ellen ausmachen. »Dem antiken Architekten des Apadana oblag es nun, den Grundriß mit dem vorgegebenen Auftragsmaß und der erwünschten Idealgliederung 3 : 7 : 3 in bauliche Substanz umzusetzen«. Das geschah in folgender Weise:

Gesamtbreite : 13 = Säulenachsabstand der Vorhalle

215 E (Ellen) : 13 = 16,53846 E (Ellen)

Säulenachsabstand × 3 = Turmbreite

16,53846 E × 3 = 49,6153 E (fast 50 Ellen!)

Es fehlen an der runden Zahl von 50 Ellen für die Turmbreite noch 0,385 Ellen. Die Turmbreite ist mit 26,01 m gemessen. 26 m : 50 E = 0,52 m[54]. Bei einer Annahme von 52 cm pro Elle sind 0,385 E = 20 cm. Jedem Turm sind also ca. 20 cm zuzufügen, daß er ganze 50 Ellen breit wird. Beiden Türmen müßten insgesamt 0,40 cm zugerechnet werden. Dann wären beide Türme einer Seite zusammengerechnet 100 E breit.

Säulenachsabstand × 7 = Vorhallenbreite

16,53846 E × 7 = 115,7629 E

Würde man die Vorhalle genau 7 Säulenachsabstände breit machen, dann wäre sie um 0,7629 E breiter als das glatte Maß von 115 Ellen. Diese Differenz beträgt umgerechnet: 0,7692 E x 0,52 m = 0,399 m = 40 cm. Die das glatte Maß von 115 Ellen überschreitende theoretische Länge von 7/13 der Gesamtlänge ist der Vorhalle ab- und der Breite der beiden Türme zuzurechnen. Auf diese Weise wurde die Vorhalle 115 E (Ellen) breit, die

Abb. 30   Plan des Thronsaales von Persepolis

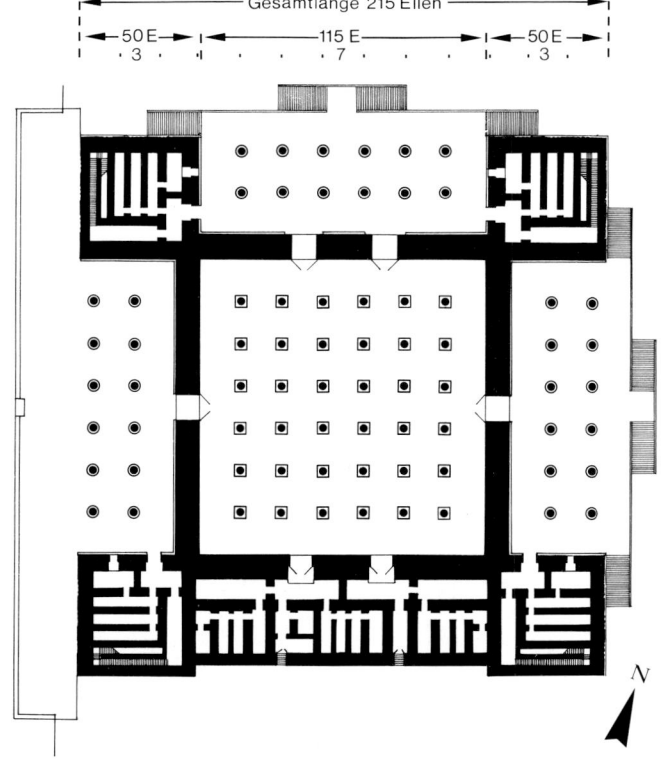

beiden Türme je 50 E. Das sind Maße, die jedem Handwerker zu vermitteln waren und die er sich merken
konnte.

Bei der Ausführung konnte es wohl vorkommen, daß die
Planmaße geringfügig über- oder unterschritten wurden.
Die folgende Tabelle mit den Hauptmaßen soll einen Eindruck davon geben, daß bei Annahme einer Maßeinheit
von 0,52 m = 1 E (Elle) sehr glatte und leicht merkbare
Zahlen herauskommen. Einzig vom Dach ist nichts Meß-
bares erhalten. Ich komme zu einer Höhe des Dachauf-
baues von 6 E, indem ich für die Balken ebenfalls eine
Höhe von je 2 Ellen (für die Hauptbalken) oder einer Elle
für die Überdeckung zwischen den Hauptbalken
annehme. Dadurch komme ich zu einer Gesamthöhe des
Bauwerkes von 43 Ellen, das ist genau 1/5 der Gesamtlänge, damit ebenfalls ein überzeugendes Proportions-
maß.

DIE MASZE DES APADANA (J)

	Gemessen m	Planmaß m	Ellen zu 0,52 m
Gesamtbreite	111,94 m	111,80 m	215 E
Turmbreite	26,01 m	26,00 m	50 E
Vorhallenbreite	59,90 m	59,80 m	115 E
Innenraum	60,50 m	60,50 m	115 E plus 2 Fuß
Sockelhöhe	2,61 m	2,60 m	5 E
Säulenhöhe (Säulensaal):			
Basis	1,55 m	1,56 m	3 E
Schaft inc. Kompositkapitell	15,60 m	15,60 m	30 E
Kapitell	2,10 m	2,08 m	4 E
Gesims	rekonstruiert:		
Dreifachbalken	Höhe	1,04 m	2 E
Querbalken	Höhe	0,52 m	1 E
Lehmschüttung	Höhe	0,52 m	1 E
Brüstung	Höhe	1,04 m	2 E

Die Höhe des
Apadana = plus Säulenhöhe = 37 E
Gesims-
höhe = 6 E
= 43 E

43 E = Gesamthöhe × 5 = 215 E = Gesamtlänge.
Die Höhe ist 1/5 der Gesamtlänge.

DIE GRÜNDUNGSURKUNDEN

Gefunden wurden die Gründungsurkunden des Thronsaales von Friedrich Krefter am 18. und 20. September
1933. Der Grabungsleiter Ernst Herzfeld befand sich
damals in Amerika, um Vorträge zu halten und weitere
Grabungsmittel zu beschaffen. Die große Zahl der Arbei-
ter hatte entlassen werden müssen, und nur die Vorarbei-
ter waren noch da, mit denen F. Krefter kleine Sondagen
ausführen sollte. In dieser Situation fiel ihm wieder die
rechteckige Ausarbeitung ein, die ihm in der Höhe der
Westwand des Apadana (J) aufgefallen war und die
Herzfeld für eine begonnene, aber unfertig gelassene
Drainageleitung angesehen hatte. Krefter grub an den
entsprechenden Stellen an der Ostseite und stieß dann auf
die Gründungsurkunden (Abb. 1). In der Südost- und in
der Nordostecke waren jeweils in sorgfältig gearbeiteten
Steinkisten je zwei Urkundentafeln niedergelegt
(Abb. 31), die 33×33 cm groß waren. Die silberne
Urkunde lag mit der Schriftseite nach unten auf der
Schriftseite der goldenen Urkunde[55]. Unter jeder Steinkiste im Fundament lag ein Depot von Münzen[56].
Ein ähnlicher Fund war 1926 in Hamadan zu beobach-
ten, wo beim Neubau eines Häuschens ein antikes Fundament zutage kam, in dem eine 19×19 cm große Goldplatte »zwischen zwei durch ihre gute Bearbeitung auffäl-
ligen Quadern« entdeckt wurde[57]. Die Tafeln aus Hamadan[58] weisen bis auf einer vom Format abhängigen Zei-

Abb. 31 Die Gründungsurkunden aus dem Fundament des Thronsaales von Persepolis mit der Steinkassette

lenteilung denselben Text wie die Tafeln aus Persepolis auf, selbst eine ungewönliche Schreibung wiederholt sich auf allen diesen sechs Tafeln[59].

Die Urkunden aus Persepolis sind fast identisch. Nur die Goldplatte von der Südostecke ist nicht ganz so schwer wie die von der Nordostecke und weist eine Schreibkorrektur auf. Ursprünglich war wohl an jeder Ecke des Apadanasaales eine solche Urkunde deponiert worden[60]. An der Westseite, wo die Mauern auf dem Fels aufstehen, wurde ja eine entsprechende quadratische Ausarbeitung im Fels beobachtet, die für ein Depositum gearbeitet war und F. Krefter zu seinem spektakulären Fund führte. Auf den Urkunden steht jeweils derselbe Text, der wie alle offiziellen Dokumente der Achämenidenzeit in drei Sprachen abgefaßt ist. In 10 Zeilen altpersischer Keilschrift – eine von Darius eingeführte Silbenschrift[61] –, darunter 7 Zeilen elamisch und 8 Zeilen akkadisch steht der folgende Text zu lesen (DPh):

> »Darius, der große König, König der Könige, König der Länder, Vischtaspas Sohn, der Achämenide. Es kündet Darius, der König: Dieses Reich, das ich besitze, von den Skythen von jenseits Soghdiens an bis nach Kush (Äthiopien), von Indien bis nach Sparda (Lydien), übertrug mir Ahuramazda[62], der größte der Götter. Ahuramazda möge mich und mein Königshaus beschützen.«

Die Urkunden aus dem Fundament des Thronsaales sind Gründungsinschriften. In der kürzesten Form gehalten sollen sie dokumentieren, wer den Bau geschaffen hat. Die Aussage von Xerxes bekräftigend[63], bezeugen sie, daß die Planung und der Baubeginn des Apadana auf Darius zurückgeht. Feierlich dokumentieren sie die größte Ausdehnung des Achämenidenreiches von den Steppen Asiens bis hin zu den Wüstengebieten Afrikas. Stolz nennt Darius die reichen Länder Indien und Lydien sein eigen[64].

DIE FUNKTIONEN DER GEBÄUDE IN PERSEPOLIS
(Verwaltungsbauten, Wohnbauten und Heiligtum) (Abb. 32)

Der Hundertsäulensaal

Parallel zum Apadana (J) befindet sich weiter im Osten ein zweiter, ähnlich großer Bau, der sog. Hundertsäulensaal (M). Das ist ein zweiter Thronsaal, wie M. Wheeler angenommen hat und wie ich weiter begründet habe[65]. Dieser steht nicht auf einem Sockel, sondern ist ebenerdig. Nur an der Nordseite hat er eine Vorhalle, die von großen Stieren flankiert wird. Der Saal ist größer als der vom Apadana (J), aber auch niedriger, die Säulen sind enger gestellt. Es ist ein »Großraumbüro« für die zahlreichen Beamten und deren Stab am Achämenidenhof. Die Außenmauern sind als Doppelmauern mit Lagerräumen (für Akten?) ausgebildet. In den Eingangstüren zu dem großen Saal sieht man den König bei der Audienz und die Palastwachen. In den rückwärtigen Türen ist der thronende Herrscher wiedergegeben.

Speisesaal und Küche (N)

Gleich neben dem Hundertsäulensaal, an der Bergseite des weiten Platzes, ist ein Säulensaal mit einer vorgesetzten Säulenhalle freigelegt. Es ist ein Quersaal, von vier Reihen zu acht Säulen gestützt. Die Glockenbasen des Saales sind noch alle erhalten. Aber die Säulen scheinen aus Holz bestanden zu haben, wie auch die Säulen des Schatzhauses (B) weiter im Süden. Anschließend an dieses zum Hof offene Saalgebäude, befindet sich östlich des Hundertsäulensaales die Palastküche, von der aus der Zugang zum unterirdischen Zisternensystem besteht. Man hat also die Beamten und sicher auch die um Audienz gekommenen Gäste vom Palast aus verköstigt, und der Saal neben dem Küchentrakt dürfte als Speisesaal gedient haben. Nur der König bekam sein Essen in seinen Wohnpalast (I und F) geliefert. Man sieht die Diener, die das Essen bringen, die Treppen des Privatpalastes hinaufsteigen.

Die Tore

Den beiden großen Thronsälen vorgeschaltet sind je ein Tor: Das Xerxestor (K) oder »Tor aller Länder« steht

Abb. 32 *Plan von Persepolis.* **A** – *Östliche Befestigungsmauer;* **B** – *Schatzhaus;* **C** – *Beamtenwohntrakt;* **D** – *Palast (?);* **E** – *Tripylon;* **F** – *Palast des Xerxes;* **G** – *Palastheiligtum (?);* **H** – *Nachachämenidisches Bauwerk;* **I** – *Palast des Darius;* **J** – *Thronsaal (Apadana);* **K** – *»Tor aller Länder« (Tor des Xerxes);* **L** – *Treppe zum »Tor aller Länder«;* **M** – *Hundertsäulensaal (Büro der Hofbeamten) Unvollendetes Tor vor dem Hundertsäulensaal;* **N** – *Palastküche;* **O** – *Turm der äußeren Befestigung;* **R** – *Südmauer;* **S** – *Bauinschrift des Darius*

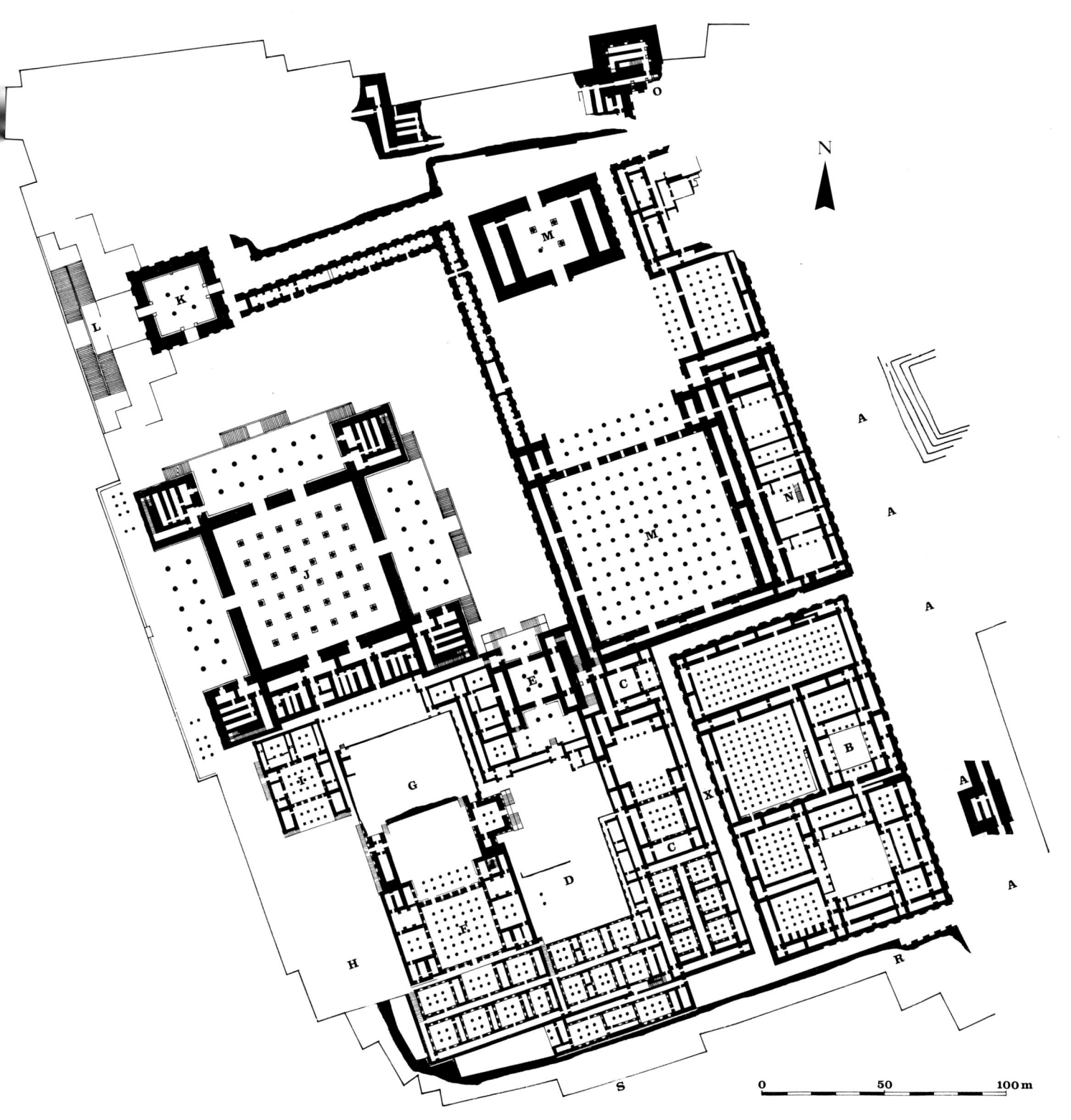

43

Abb. 33 Freitreppe des Xerxes (L) zum Tor von Persepolis

Abb. 34 Persepolis.
Osteingang zum
»Tor aller Länder« des
Xerxes (K)

oberhalb der Freitreppe (Abb. 33). Durch dieses Tor gelangt man in den Hof vor dem Apadana (J). Das dem Hundertsäulensaal vorgeschaltete Tor (M) ist unfertig. Es war zur Zeit der Zerstörung von Persepolis noch im Bau. Beide Tore bestehen aus einem quadratischen Raum, dessen Decke von vier Säulen getragen wird. Das Tor war Eingang und Warteraum zugleich, Amtssitz des Hofmarschalls, der den Besucher bei dem zuständigen Sachbearbeiter oder beim König selbst anmeldete. Dämonische Wesen, die dem Bösen wehren und das Gute hineinbitten, bewachen die Eingänge des Tores (Abb. 34). Entscheidungen geringeren Gewichtes konnten schon im Tor direkt getroffen werden. Ein drittes Tor ist das sog. Tripylon (E), das an der Stelle steht, wo einerseits der Bereich der Beamten und der des Königs sich berühren und wo andererseits der öffentliche Bereich der Königsaudienz und der privaten Wohnpaläste des Königs voneinander getrennt werden.

Der gesamte nördliche Bereich ist der der öffentlichen Audienzen, der westliche davon ist dem König allein vorbehalten. Der Südteil wird von dem Schatzhaus und den Wohnpalästen eingenommen.

Das Schatzhaus

Das Schatzhaus (B) nimmt eine große Fläche ein. Ursprünglich war es anders geplant, später ist sein Grundriß abgeändert worden. Es liegt geschützt zwischen Berg und Wohnpalast der Beamten. Der Gebäudetyp ist der eines Hofhauses. Das Gebäude besaß nur zwei Türen, war ansonsten ganz geschlossen, und die Beleuchtung und Belüftung erfolgte von dem innen liegenden Hof aus. Sinnvoll ist diese Konstruktionsweise, wenn man sich nach außen besonders schützen will. Einigermaßen große, säulengestützte Säle sind auch hier als Raumform verwendet. Sie reihen sich entlang eines Ganges oder sind um den Hof gruppiert. In den nacheinander errichteten Gebäudeteilen ist je ein Hof vorgesehen. Ein weiterer Anbau besteht nur aus einem großen, länglichen Saal mit Kastenwänden. Säulenbasen sind gefunden, dazu Stuckreste von der Verkleidung der Holzsäulen. Das Schatzhaus ist Aufbewahrungsort aller Urkunden und Dokumente, von Geräten, Möbeln, Waffen usw., von denen die meisten als Geschenke an den König gekommen sein werden. Damit ist es zugleich das Palastmuseum, denn diese Gegenstände mehren das Ansehen des Beschenkten. Von den noch erhaltenen Museumsstücken sind die bedeutendsten wohl die beiden Reliefs,

die unter den Säulenhallen am Südhof des Schatzhauses geschützt aufgestellt waren: die Reliefs von der Mitte der Apadanatreppen. Ihre Zuweisung an die Apadanatreppen verdanken wir Giuseppe und Ann B. Tilia[66].

Die Wohnpaläste

In dem Bereich oberhalb des Beamtenwohntraktes (C) und südlich von Apadana (J) und Tripylon (E) rekonstruierte F. Krefter vier Wohnpaläste. Sicher nachgewiesen sind davon aber nur zwei: der Palast des Darius (I) und der Palast des Xerxes (F). Krefter sieht in diesen Gebäuden aber auch »Bankettsäle« und einen »Investiturpalast«, wie er überhaupt der Meinung ist, daß Persepolis nur ein Rahmen für eine festliche Zeremonie sei, worin ich ihm nicht zustimmen kann.

Der Palast des Darius (I)

Als Wohnbau ist dieses Gebäude nach Süden ausgerichtet. Apadana (J) und Palast des Darius (I) stehen also »Rücken an Rücken«. Wie der Apadana steht der Palast von der Terrassenkante etwas zurückgesetzt. Die Terrasse war hoch genug, so daß man hier auf eine Festungsmauer verzichten und der Herrscher von seinem Wohnpalast aus die Aussicht genießen konnte. Nach Süden war ebenfalls die Aussicht frei über eine größere Fläche, auf der Krefter zu Recht eine Gartenanlage annimmt.

Der Wohnpalast steht auf einem Sockel, an dessen Südseite eine Treppe hinaufführt. Unten stehen Wachen. Die Treppen hinauf steigen Diener mit dem Essen für den König und seine Familie. Die Kostbarkeit dieses Palastes sind die aus riesigen Steinblöcken, oft Monolithen, gearbeiteten Bauelemente wie Eckpfeiler, Türen, Fenster, Wandnischen (Abb. 27). Der bituminöse Kalkstein glänzt schwarz, wenn er poliert wird. Die Türlaibungen sind mit Reliefs geschmückt: Der König kommt angezogen aus seinem rückwärtigen Schlafzimmer, er verläßt sein Haus unter einem Sonnenschirm. Auf den Falten seines Gewandes ist er inschriftlich bezeichnet: »Darius der große König, Sohn des Vischtaspa, der Achämenide«. In der Außentür über dem König steht in drei Feldern, in drei verschiedenen Sprachen: »Darius der große König, König der Könige, König der Länder, Sohn des Vischtaspa, der Achämenide, der dieses *tatschara* gebaut hat«. Hier erfahren wir, wie dieser Palast genannt wurde. Auch

46

die schönen Steinfenster und Nischen sind voll Stolz mit Inschriften versehen, insgesamt 18 mal.

Das prachtvolle Wohnzimmer ist immerhin 234 m² groß. Zwölf Säulen in drei Reihen tragen die Decke. Die Konstruktionsweise ist die gleiche wie an den anderen Gebäuden, insonderheit am Apadana. Hinter dem Wohnzimmer liegen zwei Appartements: Schlafzimmer, daneben Bad und Toilette. In den Seitentrakten sind die Diener und Wachen untergebracht. Dämonen schützen in den Türen vor dem Eindringen von Unheil.

Der Palast des Xerxes (F)

Der Sohn des Darius baute sich seinen Privatpalast (annähernd doppelt so groß wie den seines Vaters) auf die prominenteste Stelle der Terrasse. Er baute ihn auf die höchste nach Süden gerichtete Plattform, gegenüber dem Palastheiligtum. Über zwei Treppenanlagen ist der hochgelegene Hof zugänglich (Abb. 35). Vielleicht war diese Stelle von Darius ganz für das Heiligtum vorbehalten gewesen, aber mit einer Richtungsänderung der Gesamtanlage durch Xerxes ließ sich diese Bebauung wohl rechtfertigen. Zwei Appartements sind rechts und links eines großen Säulensaales angelegt, wodurch der große Raum sich nach Norden und nach Süden öffnete, der Blick durch den Raum hindurchgehen konnte und wodurch sich dieser Raum wohl auch besonders gut durchlüften ließ.

Der Beamtenwohntrakt (C)

Auf dem Niveau unterhalb der Königspaläste, zwischen deren Terrasse und dem Schatzhaus, steht ein Wohnpalast mit einem kleinen Hof davor. Nach Norden gerichtet ist ein Säulensaal mit einer Vorhalle. An den Säulensaal schließen sich 22 Appartements an. Sie sind jeweils entlang eines Ganges aufgereiht und nehmen die gesamte Terrasse unterhalb des Xerxespalastes ein. Früher hat man diese Räume für den »Harim« gehalten. Die Zahl der Appartements paßt aber genau zu der Zahl der Hofämter, so daß man diese Räume für die Wohnungen der diensttuenden Beamten in Anspruch nehmen sollte, die alle gemeinsam ein großes »Wohnzimmer« benutzten.

Das Heiligtum

Auf der Terrasse (G) nördlich des Xerxespalastes, zwischen Dariuspalast und Tripylon, war ein Bauwerk errichtet, zu der eine Treppenanlage ca. 2 m hoch hinaufführte. Am Ort ist davon leider fast nichts mehr erhalten. Spolien eines Podiumsockels mit Treppen an der Südwestecke der Persepolisterrasse werden mit diesem Bau in Verbindung gebracht. Die Länge der rekonstruierten Fassade könnte an diese Stelle passen[67]. Das Gebäude — im akkadischen Text als *bit* bezeichnet[68] — ist nach Ausweis von Inschriftresten von Xerxes begonnen und von seinem Sohn Artaxerxes fertiggestellt. Der Reliefschmuck am Podium stellt Delegationen von Völkerschaften dar, die Produkte ihres Landes bringen, wie das am Apadana schon dargestellt ist. Solcher Bildschmuck gehört also zu einem offiziellen Gebäude, nicht zu einem Wohnpalast, wo wir Wachen finden und Diener, die Essen bringen. Es ist also durchaus denkbar, daß hier eine Terrassenanlage stand, zu der eine Treppe hinaufführte und die das Palastheiligtum darstellte. Man darf sich vorstellen, daß dort auf einer erhöhten Terrasse Altäre standen, vor denen der König opferte und betete.

Ich könnte mir denken, daß Darius das Palastheiligtum ursprünglich auf der Südkante der oberen Terrasse geplant hatte, oberhalb des ursprünglichen Zuganges zur Palastterrasse, wo später dann Xerxes seinen Wohnpalast errichten ließ, denn Darius war ein frommer Mann, und er führte seine Herrschaft und seine Erfolge auf die Hilfe Ahuramazdas zurück, dem er in beinahe jeder Inschrift zu danken wußte.

DER BRAND VON PERSEPOLIS

Alexander der Große hat Persepolis im Jahre 330 v. Chr. erobert. Die Stadt und die Burg fielen ohne nennenswerten Widerstand in seine Hände, nachdem die entscheidenden Kämpfe an den Pässen hinauf ins Bergland stattgefunden hatten. Alexander hatte die Perser, die die enge Schlucht sperrten, auf halsbrecherischen Ziegenpfaden umgangen und sie von hinten und vorn gleichzeitig angegriffen. So konnte er den Weg durch die »Persischen Tore« freikämpfen, um mit dem gesamten Heer in die Persis vorzustoßen[69]. Persepolis wurde von den Soldaten geplündert, der Schatz in der Burg von Alexander übernommen, und dann wurde der Sieg gefeiert.

Im Schatzhaus (B) von Persepolis haben die Archäologen wenig Wertvolles gefunden. Ganz offensichtlich ist das meiste mitgenommen worden. Es wurden viele Pfeilspitzen gefunden. Zerbrochene Pfeile waren unbrauchbar, so ließ man sie liegen. Urkunden aus Leder waren uninteres-

Abb. 35   *Persepolis. Treppenanlage zum Palast des Xerxes (F)*   Abb. 36   *Inschrift des Xerxes (XPb) in Elamisch und Babylonisch an der Osttreppe zum Thronsaal (J) von Persepolis*

sant. Die beschrifteten und gestempelten Bullen blieben davon übrig. Sehr häufig sind Steingefäße, und zwar Eßteller aus grünem Stein und die »Menage« dazu, d.h. ein Mörser mit Stößel zum Zerkleinern von Gewürzen, sowie große Platten und Teller zum Auftragen des Essens. Diese sind aus verschiedenartigem Material, von unterschiedlicher Farbe. Immer aber sind sie in viele kleine Stücke zerschlagen. Das ist bemerkenswert. Denn man hat sich wohl kaum die Mühe gemacht, die Steintabletts aus purer Wut zu zerschlagen, sondern weil sie mit Edelmetall gefaßt gewesen sind. Bei manchen Stücken

läßt sich das noch nachweisen, bei anderen liegt die Analogie zu bekannten, edelmetallgefaßten Stücken nahe. Wahrscheinlich waren dünne Bänder aus Gold, mit denen die Ränder von Tellern eingefaßt waren, oder die Griffe der Platten dasjenige, was den einfachen Soldaten zu plündern blieb, nachdem die hohen Herren und Offiziere die Gegenstände aus purem Golde an sich genommen hatten.

Fast alle Räume des Schatzhauses haben gebrannt. Spuren des Brandes an den Wänden sind vom Ausgräber in einem Plan dargestellt, so daß das Ausmaß der Zerstö-

48

rung auf einen Blick deutlich wird[70]. Mir scheint, man habe vor allem an den Wänden entlang aufgestellte Regale aus Holz in Brand gesetzt, denn die Decke der Räume scheint nicht weitflächig gebrannt zu haben. Jedenfalls sind Brandspuren an den allerdings recht flachen steinernen Säulenbasen nicht festgestellt. Ganz anders ist es bei den Thronsälen: Die Säulenbasen vom Apadana (J) sind durch starkes Feuer zerstört. Die Oberfläche des Steines ist weithin abgeplatzt. Wo die Mauern einigermaßen hoch erhalten sind, in der SO-Ecke, sind die luftgetrockneten Ziegel unter der Putzschicht hellrot gebrannt, und der größte Teil des original grün-grauen Fußbodens verbrannt und geschwärzt bis zu einer Tiefe zwischen 5 mm und 1 cm. Die Ausgräber wunderten sich darüber[71], denn brennbar waren in dem riesigen Saal doch nur die Fensterrahmen, die Fensterläden und die Türen sowie die Deckenbalken. Aber die lagen an die 20 m hoch über dem Fußboden. Auch der zweite, ebenerdige Thronsaal, der sogenannte Hundertsäulensaal (M), hat gebrannt. Die zerborstenen Säulen und die dicke Asche- und Kohleschicht auf dem Fußboden bezeugen es. Schmidt schreibt nichts über Brandspuren im Palast des Xerxes (F) auf der hohen, nach Süden gerichteten Terrasse. Aber die Steinreliefs sind stark beschädigt, offensichtlich auch schwerer mechanischer Zerstörung ausgesetzt gewesen, denn kaum ein Gesicht ist erhalten. Die Köpfe sind in erster Linie Ziel der Beschädigung gewesen. Mit schweren Hämmern und Brechstangen muß man die Reliefs in den Türgewänden zu zerschlagen versucht haben. Und von den Säulen ist keine einzige mehr in der Ruine zu finden.

Im Gegensatz zu diesem Bild der Zerstörung sind der Palast des Darius (I), der Wohnpalast der Beamten (C), das Tripylon (E) und das Tor aller Länder (K) seinerzeit unbeschädigt geblieben. Der Palast des Darius diente sogar noch in nachchristlichen Jahrhunderten als Palast oder Heiligtum, wie Inschriften an der Tür bezeugen. Darum sieht es so aus, als seien einzelne Gebäude von Persepolis ausgewählt und gezielt in Brand gesteckt worden. Es waren vor allem die Thronsäle und schließlich noch das Schatzhaus. Die Alexanderhistoriker schildern, daß Persepolis in Flammen aufging, als Alexander den Ort verließ, um den nach Hamadan entkommenen Großkönig Darius III. in seine Hand zu bekommen, denn erst dann, wenn der Achämenide in seiner Gewalt war, konnte er sich selbst »König von Asien« nennen. Bei einem Gelage soll die Hetaire Thais, Mätresse des Ptolemaios, den Gedanken aufgebracht haben, Persepolis

aus Rache für die Zerstörungen, die Xerxes in Griechenland angerichtet hatte, in Brand zu stecken. Alexander ließ sich dazu überreden, und schließlich schleuderte er die erste Fackel, die anderen alle taten es ihm nach[72]. Wieder nüchtern, soll es Alexander leid getan haben, wozu er sich in Trunkenheit hatte anstiften lassen. Diese Version der Geschichte hat gewiß viele Leser der Antike überzeugt, und sie wird auch heute als geschichtlich vertreten. Dagegen aber steht die andere Version, die vor allem von Arrian vertreten wird, der sich auf Ptolemaios und Aristobulos stützt, die beide an dem Feldzug teilgenommen haben. Danach war die Verbrennung von Persepolis ein wohlkalkuliertes politisches Schauspiel, das aller Welt vor Augen führte, wie Alexander die Zerstörung Athens, die Verbrennung der griechischen Heiligtümer und den Feldzug des Xerxes gegen Griechenland überhaupt gründlich rächte[73]. Das mußte groß inszeniert werden, damit es eine unvergeßliche Wirkung auf alle hatte, die es weiterberichten sollten, in Griechenland vor allem. Schließlich war die Rache für den Xerxeszug eines der Leitmotive des Alexanderfeldzuges und Auftrag der Griechen gewesen[74].

Einfache Überlegungen und der archäologische Befund sprechen dafür, daß der Brand vorsätzlich und geplant inszeniert worden ist. Wie sollte man es sich vorstellen, daß die Makedonen sich das Haus über dem Kopf anzündeten? Sie lebten doch in Persepolis, Alexander und seine Generäle, ihre Frauen und der ganze Stab. Und außerdem zeigt der Grabungsbefund, daß nur bestimmte Gebäude zerstört worden sind, vor allem die Thronsäle und der Palast des Xerxes. Der Dariuspalast hingegen, der dazwischen steht, blieb unversehrt. Ich denke mir, daß man den Palast des Darius und den Beamtenwohntrakt extra mit Feuerwachen und Feuerwehr hat besetzen lassen, damit der Brand auf sie nicht übergriff, denn es wird doch erwähnt, daß Alexander bald den Befehl zum Löschen gab. Mir scheint unabweisbar, daß ein solcher absichtlich gelegter Großbrand nur durch gezielte Lösch- und Kühlungsarbeiten an den Gebäuden, die erhalten werden sollten, begrenzt werden konnte. Andererseits war es gar nicht so einfach gewesen, den riesigen Thronsaal von Persepolis, den Apadana (J) mit seiner etwa 20 m über dem Fußboden hohen Decke, in Brand zu setzen. Eine nach oben geschleuderte Fackel, wenn sie auch bis zu den Balken hinaufkam, fiel doch sofort wieder herunter, ohne auch nur einen Splitter zu entzünden. Sollte man Brandpfeile in die Balken geschossen haben? Aber selbst wenn dort einige Dutzend Pfeile mit brennendem, in Wachs getauchten Stoff in den Balken steckten – die über einen Meter hohen Hauptbalken hätten an der Oberfläche etwas gebrannt, bis das Zündmaterial an den Pfeilen verbraucht war, was vielleicht einige Minuten dauerte. Dann war das Feuer wieder aus. Hoch oben unter der Decke entstand ja kein Zug. Die Türen hat Krefter mit gut 17 m Höhe rekonstruiert, was 50 Fuß entsprechen würde, ein gutes, glaubwürdiges Maß. Aber wohl nur der untere Teil dieser riesigen Türen war zu öffnen. Und die Fenster waren im unteren Teil der Wand angebracht, so daß der untere Teil des Saales erhellt war. Oben unter die Decke wird durch die offenen Fenster kaum ein Luftzug gekommen sein. Und auch ein paar übereinandergeschichtete Throne und Kisten und Teppiche bildeten wohl kaum eine Flamme, welche die Decke ernstlich beschädigte. Andererseits haben die Ausgräber in der Südostecke des Saales untrügliche Spuren eines sehr heftigen Feuers beobachtet. F. Krefter hat im Gespräch eine sehr einleuchtende Erklärung gegeben, wie die Brandlegung im Apadana vorzustellen ist: Das Tor gegenüber dem Hundertsäulensaal (M) war ja seinerzeit noch Baustelle, und dieser Bau war voll eingerüstet mit Bauholz, denn die einzelnen Säulentrommeln, Kapitelle und sonstigen schweren Bauteile, wie z.B. auch die schweren Deckenbalken, wurden damals mit Winden nur immer wenige Zentimeter hochgehoben, bis man sie wieder auf untergeschobenen Balken absetzen konnte. Das Gebäude muß man sich also voll von Gerüsten aus ansehnlichen Balken vorstellen. Gefunden wurde aber bei der Ausgrabung kein einziges Stückchen Holz. Dieses Holz hatte man im Hundertsäulensaal und im Apadana zu riesigen, bis unter die Decke reichenden Scheiterhaufen aufgetürmt und sie entzündet. Nur so konnte der riesige Bau, ein Weltwunder der Antike, in Brand gesetzt werden. Das Bauholz aus dem unvollendeten Tor hat wohl nicht einmal gereicht, die beiden großen Säle so gründlich und eindrucksvoll in Flammen zu setzen, wie das Alexander befohlen hatte. Weil man im Palast des Xerxes (F) keine Säulentrümmer gefunden hat, meine ich, daß man den Soldaten Alexanders befohlen hatte, den Xerxespalast gezielt zu zerstören. Die mechanischen Beschädigungen der Reliefs sind dort besonders stark. Ich stelle mir vor, daß man mit Rammstößen und mit Zugseilen die Säulen nacheinander zum Einsturz brachte, so daß man die Deckenbalken herausholen und als Brennmaterial im Apadana verwenden konnte. Die relativ heilen und nicht allzu riesenhaften Säulen, die dann auf dem Plateau lagen, haben dann späte Nachkommen leicht abtranspor-

tieren und entsprechend verwenden können. Die Säulen vom nachachämenidischen »Palast H« dürften aus der danebenliegenden Ruine des Xerxespalastes stammen, nicht vom Platz G, von wo zwar die Sockelanlage des Palastes H mit den Treppen stammt, wo meines Erachtens aber eine Hochterrasse als Palastheiligtum sich befand, kein Palastbau mit Säulen.

Bis der Thronsaal brennen konnte, mußten viele Vorbereitungen getroffen werden. Das Holz aus dem unvollendeten Tor wurde herbeigeschafft und aufgeschichtet, der Palast des Xerxes wurde zum Einsturz gebracht, um die Deckenbalken ebenfalls im Apadana aufzuschichten. Darüber sind einige Tage vergangen, und viele Soldaten waren damit beschäftigt. Es war der Abschied von dem Persepolis der Achämenidenkönige, den es dann zu feiern galt, bevor Alexander dem flüchtenden Großkönig folgte, bis er ihn in der Nähe von Rhagai beim heutigen Teheran fand, sterbend, von seinen eigenen Leuten erstochen. Aber noch hatte er ihn nicht. Dennoch setzte er das Zeichen, wonach sein Feldzug nach Asien sein Ziel erreicht hatte. Der Abschied von Persepolis war zu einem großen Fest gemacht, und die Krönung dieses Festes war die Zerstörung des Thronsaales, an dessen Treppen die Inschrift XPb geschrieben stand (Abb. 37).

»Ein großer Gott ist Ahura Mazda,
der diese Erde schuf,
der jenen Himmel schuf,
der den Menschen schuf,
der die Freude schuf für die Menschen,
der Xerxes zum König machte,
den einen zum König von vielen,
den einen zum Herrscher von vielen.

Ich bin Xerxes der große König,
König der Könige,
König der Länder vieler Stämme,
König dieser großen Erde weithin,
Sohn des Königs Darius,
ein Achämenide.

Hiermit erklärt Xerxes, der große König:
Was hier von mir gebaut wurde,
und was anderswo von mir gebaut wurde,
das baute ich durch die Gnade Ahura Mazdas.
Möge Ahura Mazda mich beschützen mit den Göttern,
und meine Herrschaft,
und was von mir gebaut worden ist.«[75]

Der Stolz des Xerxes – er verschwieg in der unteren letzten Inschrift, daß der Thronsaal von seinem Vater geplant und weitgehend erbaut worden war, daß er nur der Vollender war – dieser Stolz des Xerxes wurde mit der Fackel Alexanders zerstört und Griechenland gerächt, so wollte es Alexander aller Welt zeigen. Sechs Jahre später kam Alexander nach Persepolis zurück. Die verbrannten Paläste sah er und bereute, daß er sie damals in Brand gesteckt hatte[76].

DIE KÖNIGE DER ACHÄMENIDENDYNASTIE[77]

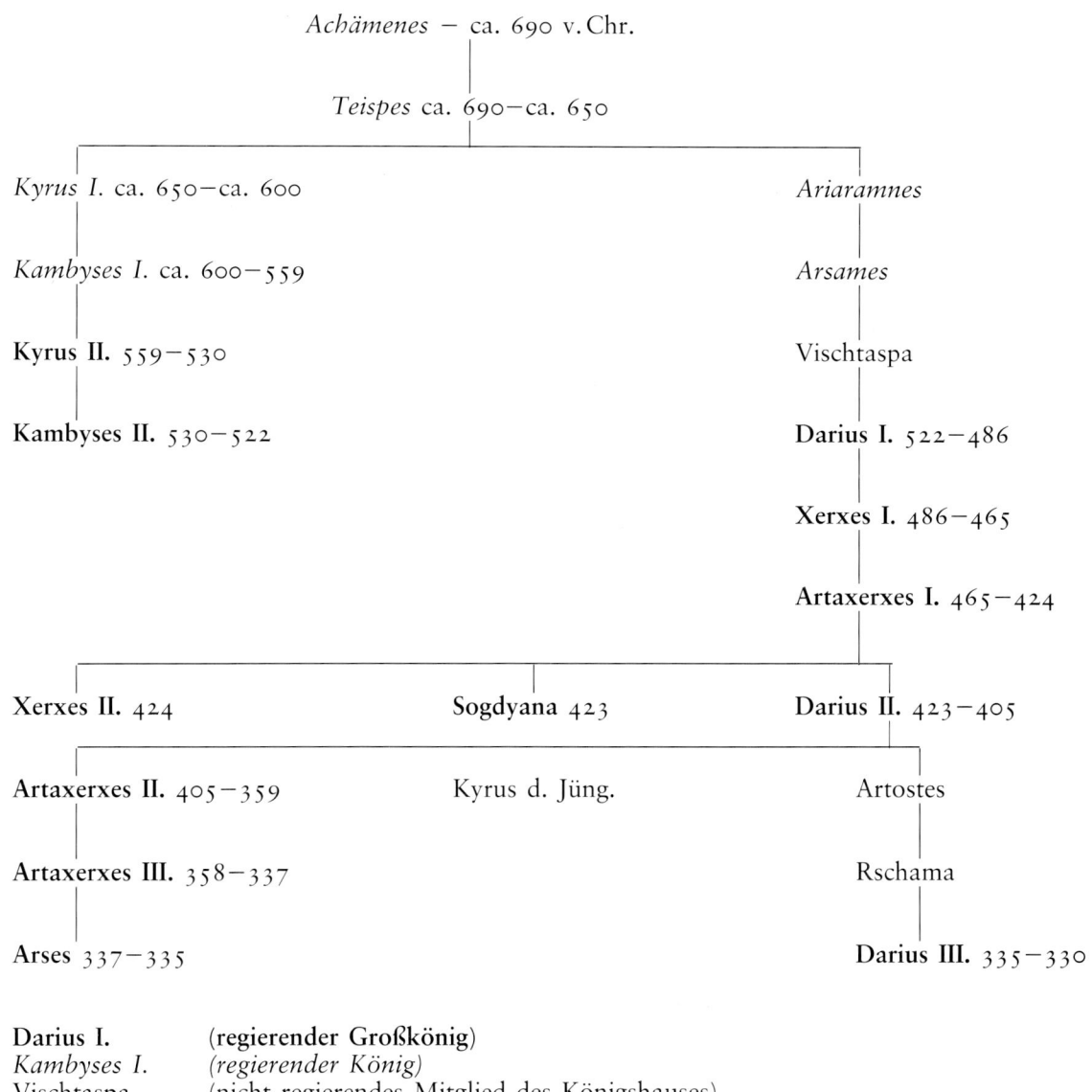

Achämenes – ca. 690 v. Chr.

Teispes ca. 690–ca. 650

Kyrus I. ca. 650–ca. 600   *Ariaramnes*

Kambyses I. ca. 600–559   *Arsames*

Kyrus II. 559–530   Vischtaspa

Kambyses II. 530–522   **Darius I.** 522–486

                Xerxes I. 486–465

              Artaxerxes I. 465–424

Xerxes II. 424   Sogdyana 423   **Darius II.** 423–405

Artaxerxes II. 405–359 Kyrus d. Jüng.   Artostes

Artaxerxes III. 358–337   Rschama

Arses 337–335   **Darius III.** 335–330

Darius I.   (regierender Großkönig)
Kambyses I. *(regierender König)*
Vischtaspa   (nicht regierendes Mitglied des Königshauses)

ANMERKUNGEN

[1] F. Krefter, Mit Ernst Herzfeld in Pasargadae und Persepolis 1928 und 1931-1934 – In: AMI N. F. 12, 1979, 13 ff. Diesem Aufsatz sind auch die meisten Angaben über Krefter entnommen. Anderes hat er mir selbst erzählt.

[2] E. F. Schmidt, Persepolis I (1953) = OIP 68; ders. , Persepolis II (1957) = OIP 69; ders. , Persepolis III (1970) = OIP 70.

[3] A. Godard, Les Travaux de Persépolis – In: Archaeologica Orientalia in Memoriam Ernst Herzfeld (1952) 119 ff.

[4] F. Krefter, Persepolis im Modell – In: AMI N. F. 2, 1969, 123 ff.

[5] Vgl. F. Krischen, Weltwunder der Baukunst in Babylonien und Ionien (1956) 9.

[6] C. J. Classen, Weltwunder – In: Der kleine Pauly 5 (1979) 1366; Zuletzt: W. Ekschmitt, Die sieben Weltwunder (1984) 10.

[7] C. de Bruin, Reizen over Moskovie door Persie en Indie etc. (Amsterdam 1711 u. 1714). Winckelmann benutzte die französische Ausgabe: C. Le Brun (de Bruyn), Voyages par la Moskovie, en Perse, et aux Indes orientales etc. (Amsterdam 1718) Pl. 120.

[8] J. B. Fischer von Erlach, Manuskript der »Historischen Architektur« von 1712, 1. Buch Taf. 16. Wien – Österreichische Nationalbibliothek, Handschriftenabt. Cod. 10791; Abb. aus: H. Aurenhammer, Katalog der Ausstellung Johann Bernhard Fischer von Erlach 1656-1723 (Wien 1956) Nr. 64B 24, S. 216 f. Abb. 17. Die Rekonstruktion stützt sich auf Jean de Thevenot, Relation d'un voyage fait en Levant (Paris 1689).

[9] Ch. Texier, Description de l'Arménie, la Perse et la Mésopotamie etc. 2. Partie (Paris 1852) Pl. 103.

[10] E. Flandin et P. Coste, Voyage en Perse (Paris 1844 ff.).

[11] J. Fergusson, The Palaces of Niniveh and Persepolis (London 1851) 170 Fig. 18.

[12] G. Perrot et Ch. Chipiez, Histoire de l'art dans l'antiquité T. V (Paris 1890) Pl. V u. X.

[13] F. C. Andreas – In: A. Springer, Handbuch der Kunstgeschichte[8] Bd. 1 (1907) 81 Abb.177.

[14] E. Herzfeld – In: F. Sarre u. E. Herzfeld, Iranische Felsreliefs (1910) 116 Abb.49.

[15] E. Herzfeld, Iran in the Ancient East (1941) Pl. XLVIII.

[16] F. Krefter, Mit Ernst Herzfeld in Pasargadae und Persepolis 1928 und 1931-1934 – In: AMI N.F. 12, 1979, 24.

[17] A. B. Tilia, Studies and Restorations at Persepolis and other Sites of Fars II (1978) Pl. 41 Fig. 10.

[18] W. Kleiss, Zur Entwicklung der achämenidischen Palastarchitektur – In: Iranica antiqua 15, 1980, 203 u. Abb. 3.

[19] Die Ruinenhügel von »important structures« sind auf dem Luftphoto zu sehen bei E. F. Schmidt, Flights over Ancient Cities of Iran (1040) Pl. 2.

[20] W. Hinz, Darius und die Perser I (1976) 123. Bei Herodot III, 139 steht, daß Darius in der Leibwache des Kambyses diente. Genau steht da, daß er der Doryphoros, der Speerträger des Kambyses war. Die kurze Lanze mit einer kleinen Metallkugel an ihrem Ende ist *die* Waffe der Perser, mit der sie sich den Feind vom Leibe halten und die sie im Nahkampf auch verwandten, wie die Siegelbilder zeigen.

[21] A. B. Tilia, Studies and Restorations at Persepolis and other Sites of Fars (1972) 127 ff. Diese Mauer ist verschiedentlich für den Sokkel eines ursprünglich kleineren Thronsaales gehalten worden, zuletzt von D. Stronach, The Apadana: A Signature of the Line of Darius I – In: FS Jean Deshayes, De l'Indus aux Balkans (1985) 444. Eine solche Stützmauer ist aber technisch notwendig zur Schaffung der Plattform, auf der die Gerüste und Kräne bzw. Flaschenzüge zum Aufbau der Säulen stehen konnten, während die Reliefplatten, die später den Bau verkleideten, in gehörigem Abstand gearbeitet wurden und erst nach Fertigstellung des Rohbaus versetzt und dann an Ort und Stelle bis zum letzten Stadium gearbeitet wurden.

[22] F. Krefter, Persepolis. Rekonstruktionen = TehForsch. 3 (1971) 25 f. , 49 f.

[23] Von L. Trümpelmann, Zu den Gebäuden von Persepolis und ihrer Funktion - In: AMI Erg. Bd. 10 (1983) 236 ist dieser Teil des Palastes als Beamtenwohnung gedeutet, der früher wegen der vielen Appartements als »Harim« bezeichnet worden war.

[24] Zum Beispiel von Ch. Chipiez in: G. Perrot u. Ch. Chipiez, Histoire de l'art dans l'antiquité Vol. 5 (1890) 481, 483, 486.

[25] F. Krefter, Persepolis. Rekonstruktionen – TehForsch. 3 (1971) 25.

[26] R. D. Barnett, The Excavations of the British Museum at Toprak Kale near Van – In: Iraq 12, 1950, Pl. I/1.

[27] M. N. van Loon, Die Kunst von Urartu – In: PKG 14, 1975, 456 Abb. 378.

[28] Nach der statischen Berechnung von F. Krefter, a. O. 49/50 wird für den Einfachbalken 20% weniger Holzquerschnitt als für die Dreifachbalken angesetzt. Daraus ergibt sich das genannte Maß des Einfachbalkens statt des erschlossenen Maßes der Dreifachbalken.

[29] Russel Meiggs, Trees and Timber in the Ancient Mediterranean World (1982) Pl. 11 A; Eine Seltenheit ist ein Altbaum, den man heute im Bayerischen Wald bei Zwieselwaldhaus sehen kann, eine etwa 400 Jahre alte Tanne von 51 m Höhe mit einem Durchmesser in Brusthöhe von 1,47 m.

[30] J. Perrot u. D. Ladiray, Travaux à l'Apadana (1969-1971) – In: Cahiers de la DAFI 2, 1974, 35 Fig. 12.

[31] In der »Magna Charta von Susa« (DSf) steht geschrieben, womit die Völker des großen Reiches zum Bau des Palastes beigetragen haben. Neu gefunden wurden DSz, die eine elamische Version von DSf ist, und DSaa, die in akkadisch eine abgekürzte Fassung darstellt, die inhaltlich mit DSz verwandt ist. Text und Übersetzung s. F. Vallat, Deux inscriptions élamites de Darius Ier – In: Studia iranica 1, 1972, 3 ff.

[32] F. H. Weissbach, Die Inschriften Nebukadnezars II. im Wadi Brisa und am Nahr al-Kelb = WVDOG 5 (1906) 32.

[33] K. Bittel – R. Naumann – Th. Beran u. a., Bogazköy III (1957) 10 ff.; R. Naumann, Architektur Kleinasiens[2] (1971) 431.

[34] T. C. Young, jr., Thoughts on the Architecture of Hasanlu IV – In: Iranica antiqua 6, 1966, 55.

[35] D. Stronach u. M. Roaf, Excavations at Tepe Nush-i Jan. Part I. A Third Interim Report – In: Iran 16, 1978, 1 ff. ; 3 Reihen zu 4 Stützen haben auch der Saal des Wohnpalastes des Darius und der Hauptraum des Beamtenwohntraktes in Persepolis.

[36] T. C. Young, jr. u. L. D. Levine, Excavations of the Godin Project: Second Progress Report (1974) 30 f. , 116 Fig. 37. Die entsprechende Seite des Hügels ist erodiert.

[37] E. Herzfeld, Iran in the Ancient East (1941) Pl. 43.

[38] F. Krefter, Pasargadae, Rekonstruktion – In: AMI Erg. Bd. 10, 1983, opp. 280.

[39] C. Nylander, Ionians in Pasargadae (1970).

[40] L. Trümpelmann, Metrologische Untersuchungen am Kyrosgrab von Pasargadae – In: Memorial Volume of the VIth Intern. Congress of Iranian Art and Archaeology Oxford 1972 (1976) 319 ff.

[41] L. Trümpelmann, Tore von Persepolis. Zur Bauplanung des Dareios – In: AMI N. F. 7, 1974, 167 f.

⁴² F. KREFTER, Persepolis. Rekonstruktionen = TehForsch. 3 (1971) 49.

⁴³ F. KREFTER, Persepolis. Rekonstruktionen = TehForsch. 3 (1971) 53.

⁴⁴ E. F. SCHMIDT, Persepolis II (1957) 110 ff.

⁴⁵ F. KREFTER, Persepolis. Rekonstruktionen = TehForsch 3 (1971) 53 Anm. 178.

⁴⁶ Auf eine frühe Datierung hatte sich E. HERZFELD, Eine neue Darius-Inschrift aus Hamadan - In: Deutsche Literaturzeitung 1926, 2107 schon festgelegt, weil er meinte, die Bestimmung der Westgrenze des Reiches um der Urkunde mit Sardis, der Hauptstadt Lydiens, weise auf die Zeit vor dem Skythenzug des Darius hin. Diesen Feldzug führte der Perserkönig vermutlich im Jahre 515 v.Chr. nach Europa. Er wollte damit den Skythen von der Westküste des Schwarzen Meeres aus in den Rücken fallen, was mit einem Fiasko endete (Herodot, Historien IV, 1-144).

⁴⁷ E. HERZFELD, Notes on the Achaemenid Coinage and Sasanian Mint-names - In: International Numismatic Congress, London June 30 − July 3, 1936 (1938) 413.

⁴⁸ P. CALMEYER, Zur Genese altiranischer Motive. VIII. Die »Statistische Landcharte des Perserreiches« − I − In: AMI N. F. 15, 1982, 124.

⁴⁹ W. PRICE − N. WAGGONER, Archaic Greek Silver Coinage. The Asyut Hoard (1975) 16; Die Kritik von Herbert A. CAHN, Asiut − Kritische Bemerkungen zu einer Schatzfundpublikation − In: SNR 56, 1977, 281 muß in diesem Punkt also nicht zutreffend sein.

⁵⁰ F. G. MAIER u. V. KARAGEORGHIS, Paphos. History and Archaeology (1984) 91.

⁵¹ »Das Volk, dessen Name *krk* geschrieben wird, ist bisher meist mit den Karern identifiziert worden. Die aramäische Schreibung Kilikiens auf den achämenidischen Münzen stimmt aber mit diesem Volksnamen überein.« − G. GROPP, Die Stellung des Künstlers im vorislamischen Iran − In: J. Gail (Hrsg.), Künstler und Werkstatt in den orientalischen Gesellschaften (1982) 6 Anm. 4. Damit ist ein neues Argument eingebracht, das über die Erörterung des Problems von W. EILERS, Das Volk der karka in den Achämenideninschriften − In: OLZ 38, 1935, 201 ff. hinausführt. Schon F. W. KÖNIG, Der Burgbau zu Susa nach dem Baubericht des Königs Dareios I. = MVAG 35/1, 1930, 7 hatte die *karka* als Kiliker bestimmt.

⁵² F. KREFTER, Persepolis. Rekonstruktionen = TehForsch. 3 (1971) 30 f. ; M. ROAF, Persepolitan Metrology − In: Iran 16, 1978, 67 ff. haben zuletzt eine Maßeinheit zu finden versucht, die in keinem Falle glaubwürdig scheint, weil die daraus resultierenden Maße zu kompliziert sind, als daß sie ein Architekt noch alle im Kopf haben könnte, geschweige denn, daß die verschiedenen Handwerker sie sich hätten merken können.

⁵³ Am Kyrosgrab und an den Altären von Pasargadae habe ich gezeigt, welche einfachen Proportionen den Entwürfen zugrunde liegen und wie die antike Maßeinheit zu ermitteln ist. In den beiden genannten Fällen ist die Maßeinheit eine Elle von 52,5 cm mit dem zugehörigen Fußmaß von 35 cm. s. L. TRÜMPELMANN, Metrologische Untersuchungen am Kyrosgrab von Pasargadae a. o. und L. TRÜMPELMANN, Das Heiligtum von Pasargadae - In: Studia Iranica 6, 1977, 7 ff. In meiner Rezension von F. Krefter, Persepolis - In: BiOr 33, 1976, 220 habe ich angenommen, daß dasselbe Maß auch am Thronsaal von Persepolis verwendet worden sei. Von der damals vertreten Meinung rücke ich hiermit ab. Es ist die Elle von 0,52m, die den Maßstab für den Apadana von Persepolis abgab.

⁵⁴ K. G. SIEGLER, Bemerkungen zu Persepolis − In: Kunst des Orients 10, 1975, 30.

⁵⁵ The University of Chicago Magazine 28, 1936, 24-25; Illustrated London News vom 22. Februar 1936, 328. Zu den Fundumständen: F. KREFTER, Persepolis. Rekonstruktionen = TehForsch. 3 (1971) 52 f.; E. F. SCHMIDT, Persepolis I (1953) 40. 70. 79. 99.

⁵⁶ Zu dem Münzfund von Persepolis siehe: E. HERZFELD in: Transactions of the International Numismatic Congress 1936 (1938) 413 ff.; D. SCHLUMBERGER, L'argent grec dans l'Empire achéménide (1953) 11 Nr. 43; E. F. SCHMIDT, Persepolis II (1957) Taf. 84, 36; M. PRICE & N. WAGGONER, Archaic Greek Silver Coinage. The Asyut Hoard (1975) 16; H. A. CAHN, Asiut − Kritische Bemerkungen zu einer Schatzfundpublikation − In: SNR 56, 1977, 281.

⁵⁷ E. HERZFELD, Eine neue Darius-Inschrift aus Hamadan − In: Deutsche Literaturzeitung 42, 1926, Sp. 2105-2108.

⁵⁸ E. HERZFELD⁵⁷ erwähnt nur eine Goldtafel aus Hamadan, später in »Altpersische Inschriften«⁵⁹ werden eine goldene und eine silberne Tafel aus Hamadan erwähnt. Alle sechs Tafeln aus Persepolis und aus Hamadan dürften sich heute in Teheran befinden. In dem Schatzraum des Iran-Bastan-Museums in Teheran ist ein Paar aus Persepolis in der dazugehörigen Steinkiste ausgestellt.

⁵⁹ E. HERZFELD, Altpersische Inschriften (1938) 18; R. KENT, Old Persian (1953) 109. 136 f.

⁶⁰ Zur Gattung dieser Urkunden: R. S. ELLIS, Foundation Deposits in Ancient Mesopotamia (1968) 94 ff. 104. 195 Nr. 87.

⁶¹ Zur Einführung der altpersischen Keilschrift: L. TRÜMPELMANN, Zur Entstehungsgeschichte des Monumentes Dareios I. von Bisutun und zur Datierung der Einführung der altpersischen Schrift − In: AA, 1967, 281 ff.

⁶² Die akkadische Version fügt »und die anderen Götter« hinzu.

⁶³ In den glasierten Ziegelinschriften, die, umgeben von bunten Pflanzenornamenten, an den Ecktürmen des Apadana hoch angebracht waren (XPg), bekundet Xerxes: »Durch Ahuramazdas Willen vieles Gute baute und entwarf Dareios der König, mein Vater. Immer durch Ahuramazdas Willen fügte ich hinzu zu diesem Werk und machte es vortrefflicher.« E. HERZFELD, Altpersische Inschriften (1938) 40; E. F. Schmidt, Persepolis I (1953) 71; F. KREFTER, Persepolis. Rekonstruktionen = TehForsch 3 (1971) 48 ff.

⁶⁴ Zur Frage der Datierung der Urkunden s. S. 35.

⁶⁵ L. TRÜMPELMANN, Zu den Gebäuden von Persepolis und ihrer Funktion − In: AMI Erg. Bd. 10, 1983, 225 ff.

⁶⁶ A. B. TILIA, Studies and Restorations at Persepolis and other Sites of Fars I (1972) 173 ff.

⁶⁷ A. B. TILIA, Studies and Restorations at Persepolis and other Sites of Fars I (1972) 299 Fig. 11.

⁶⁸ R. G. KENT, Old Persian Texts VII. Artaxerxes I, Persepolis A − In: JNES 4, 1945, 228 ff. bes. 230.

⁶⁹ ARRIAN, Der Feldzug Alexanders III,18,3-10.

⁷⁰ E. F. SCHMIDT, Persepolis I (1953) Fig. 64.

⁷¹ E. F. SCHMIDT, Persepolis I (1953) 78 f.

⁷² DIODOR von Sizilien, Historische Bibliothek XVII,72.

⁷³ ARRIAN, Der Feldzug Alexanders III,18,12. So auch Strabon, Geographie XV,3,6.

⁷⁴ DIODOR von Sizilien, Historische Bibliothek XVI,89 schildert den Auftrag der Griechen an Philipp, den Vater Alexanders, nach dessen Tod sich Alexander laut ARRIAN, Der Feldzug Alexanders I,1,2-3 auf diesen Auftrag beruft.

⁷⁵ Übersetzung in Anlehnung an F. H. WEISSBACH, Die Keilinschriften der Achämeniden (1911) 109 ff.

⁷⁶ ARRIAN, Der Feldzug Alexanders VI,30,1.

⁷⁷ Nach W. HINZ, Darius und die Perser (1976) 247.

Abkürzungsverzeichnis

AA	Archäologischer Anzeiger
AMI	Archäologische Mitteilungen aus Iran
AMI Erg.Bd.	Archäologische Mitteilungen aus Iran, Ergänzungsband
AMI N.F.	Archäologische Mitteilungen aus Iran, Neue Folge
BiOr	Bibliotheca Orientalis
DAFI	Délégation archéologique française en Iran
FS	Festschrift
JNES	Journal of Near Eastern Studies
MVAG	Mitteilungen der Vorderasiatisch-ägyptischen Gesellschaft
OIP	Oriental Institute Publications
PKG	Propyläen Kunstgeschichte
SNR	Schweizerische Numismatische Rundschau
TehForsch.	Teheraner Forschungen
WVDOG	Wissenschaftliche Veröffentlichungen der Deutschen Orient-Gesellschaft

Verzeichnis der Textabbildungen

Katalog

1   Modell von Persepolis
    im Maßstab 1:1000

Hergestellt von F. Krefter im
Auftrag des Museums für Vor-
und Frühgeschichte, Staatliche
Museen Berlin. Preußischer Kulturbesitz

60

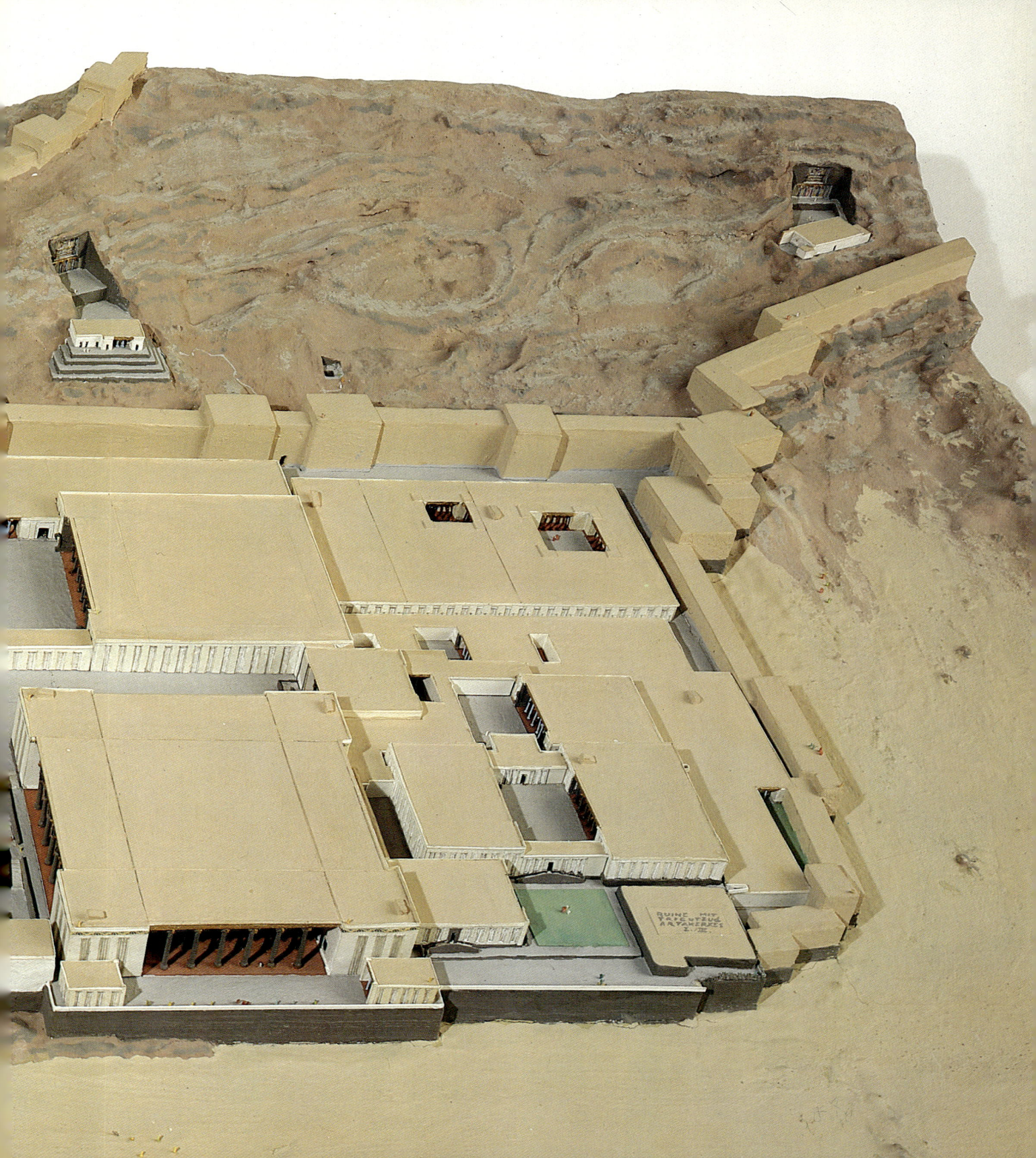

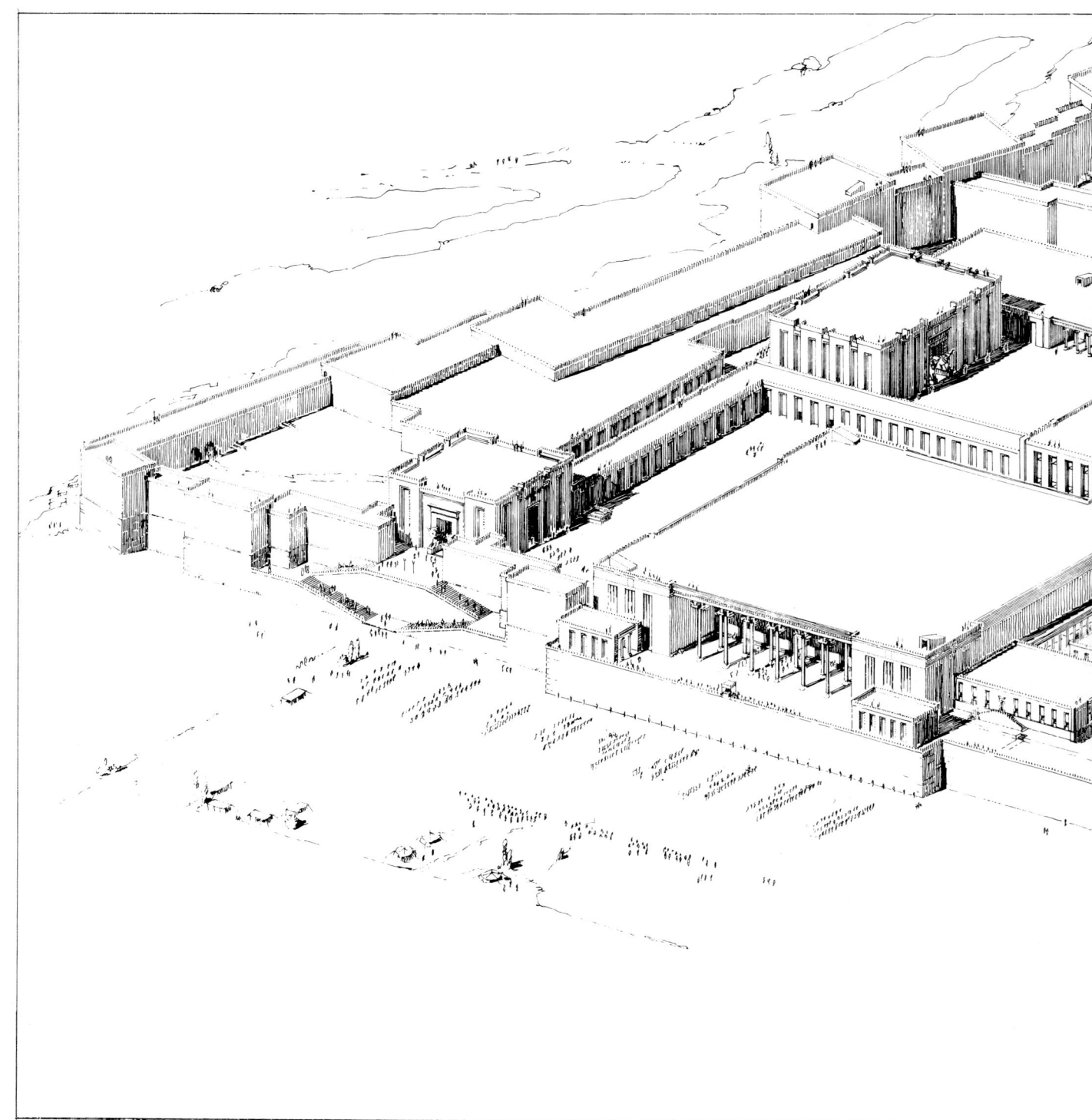

Kat. 2

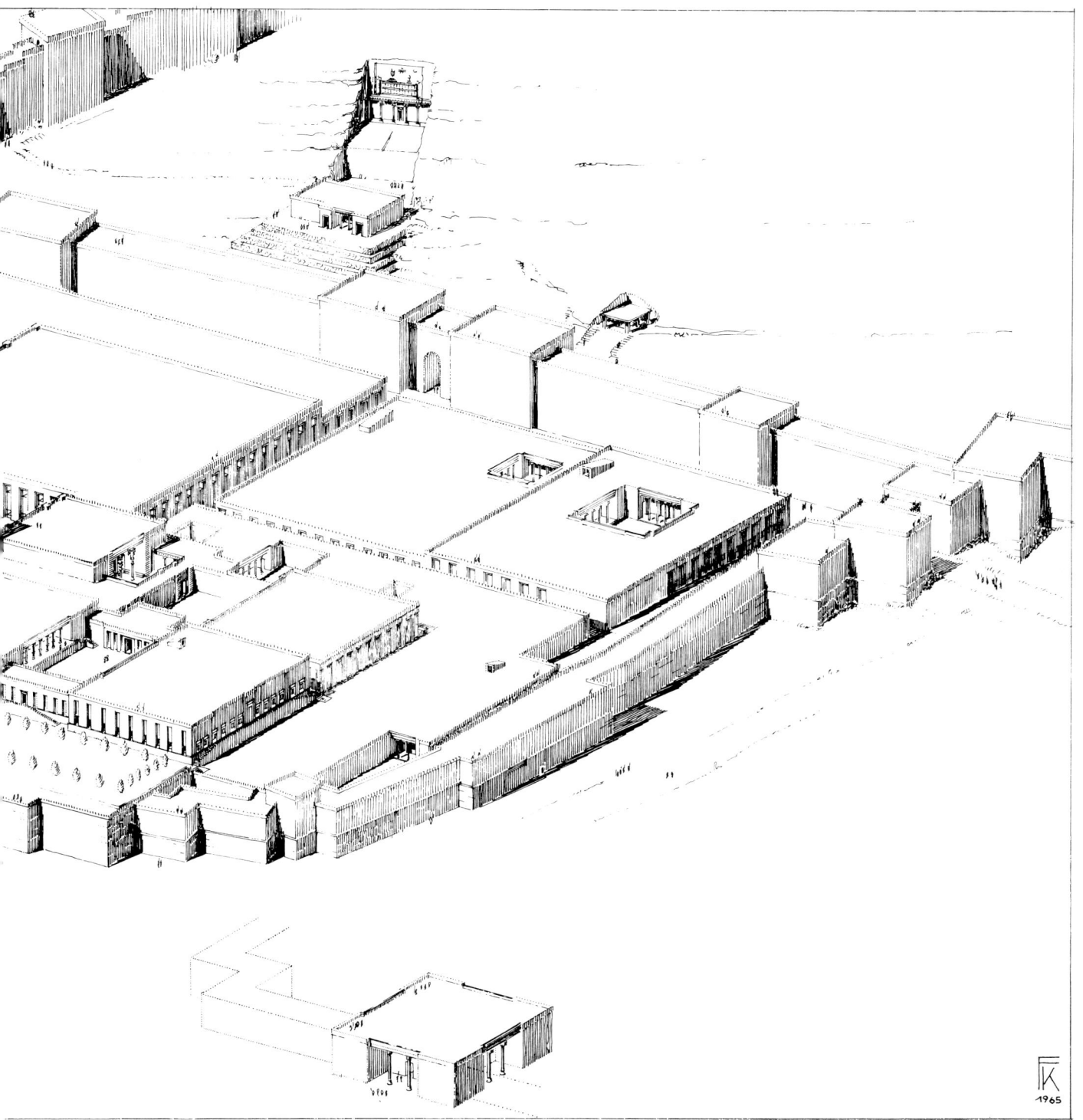

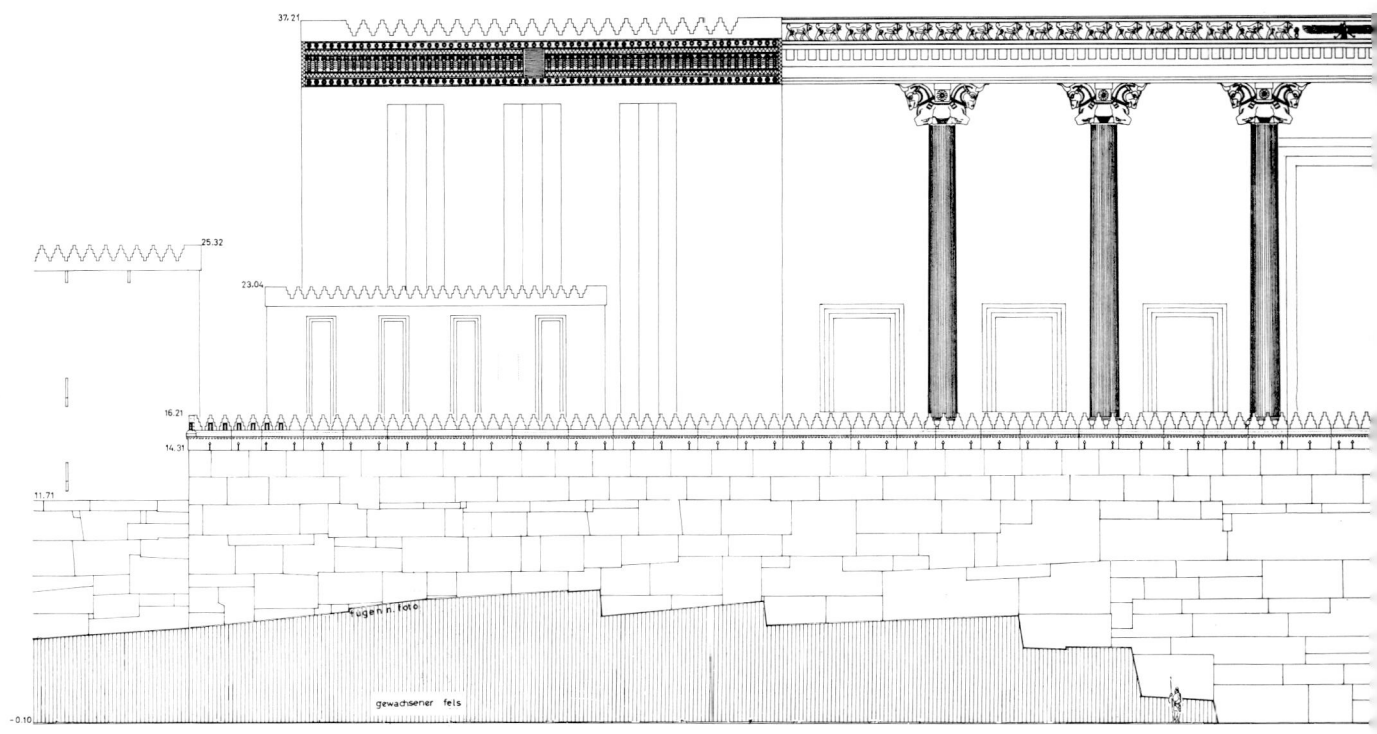

◁ 2   Persepolis aus der Vogelschau
       von Südwest
       Zeichnung von F. Krefter

Im Vordergrund rechts einer der Paläste, von denen Darius regierte, solange Persepolis im Bau war. Der riesige
Thronsaal mit seiner Säulenhalle überragt die Terrassenmauer in der Mitte der Westseite. Rechts schließt der
Wohnpalast des Darius an. Links vom Thronsaal sieht
man die monumentale Treppenanlage, oberhalb der
Treppe das Xerxestor, das »Tor aller Länder«.

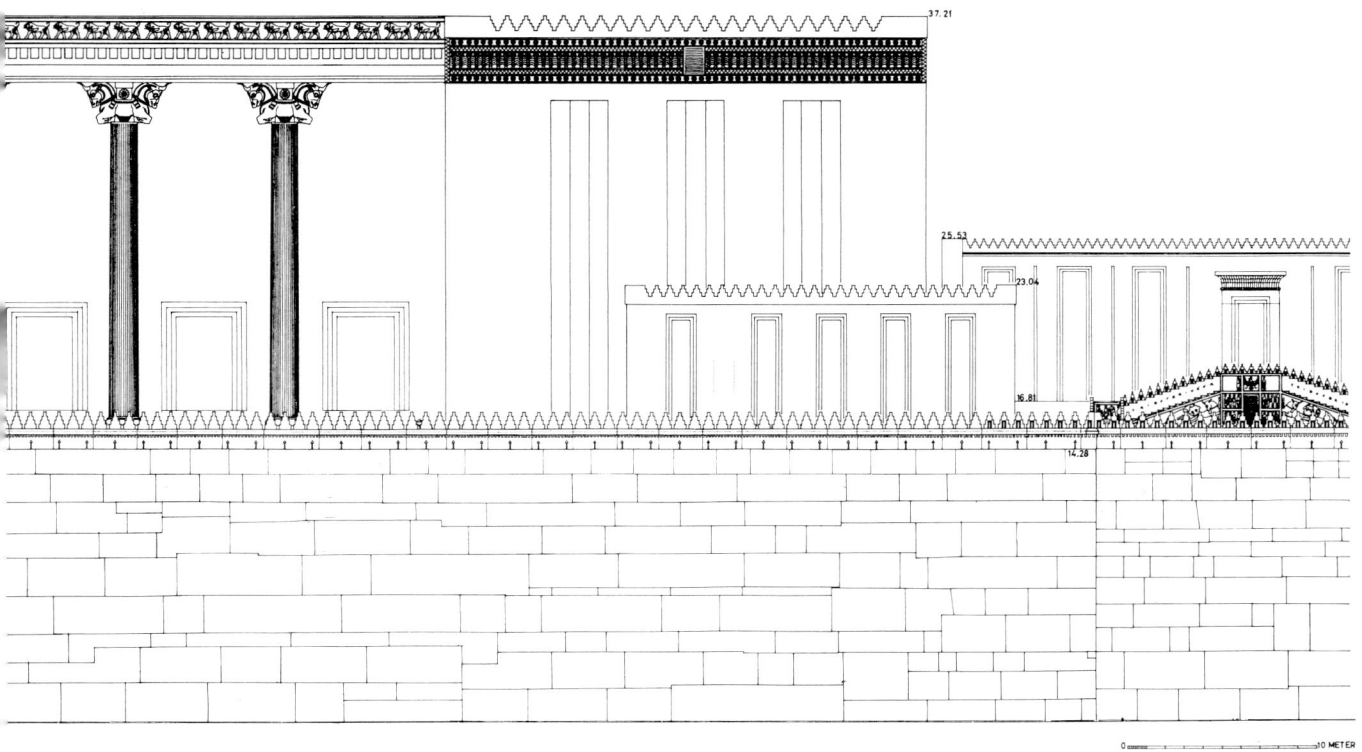

3 Der Apadana (Thronsaal) von Westen
Zeichnung von F. Krefter

Dargestellt sind die Terrassenmauer über der Felsabar-
beitung und das Thronsaalgebäude mit den beiden Pavil-
lons auf der Terrassenkante. Rechts schließt der Wohnpalast des Darius an. Die Ziffern an den Gebäudekanten
sind Höhenangaben über der Grundlinie.

4 Thronsaal von Persepolis
   Aquarell von F. Krefter (1933) 25×18,5 cm

Situation vor der Ausgrabung. Blick durch den Thronsaal
(J) vom Tripylon (E) aus. In lichten grau-braunen Tönen
gehalten gibt das Bild die Winterstimmung wieder, die
über Persepolis und der Ebene mit den Tafelbergen im
Nordwesten liegt.

5 Die Terrassenmauer mit Thronsaal
und Dariuspalast
Zeichnung von F. Krefter

Die etwa 15 m hohe Terrasse machte eine Mauer an dieser Stelle unnötig. Von der Terrasse vor dem Thronsaal
(J) konnte der König die weite Ebene seiner Heimat über-
sehen. Rechts ragt das Dach vom Wohnpalast des Darius
(I) über die Terrassenkante.

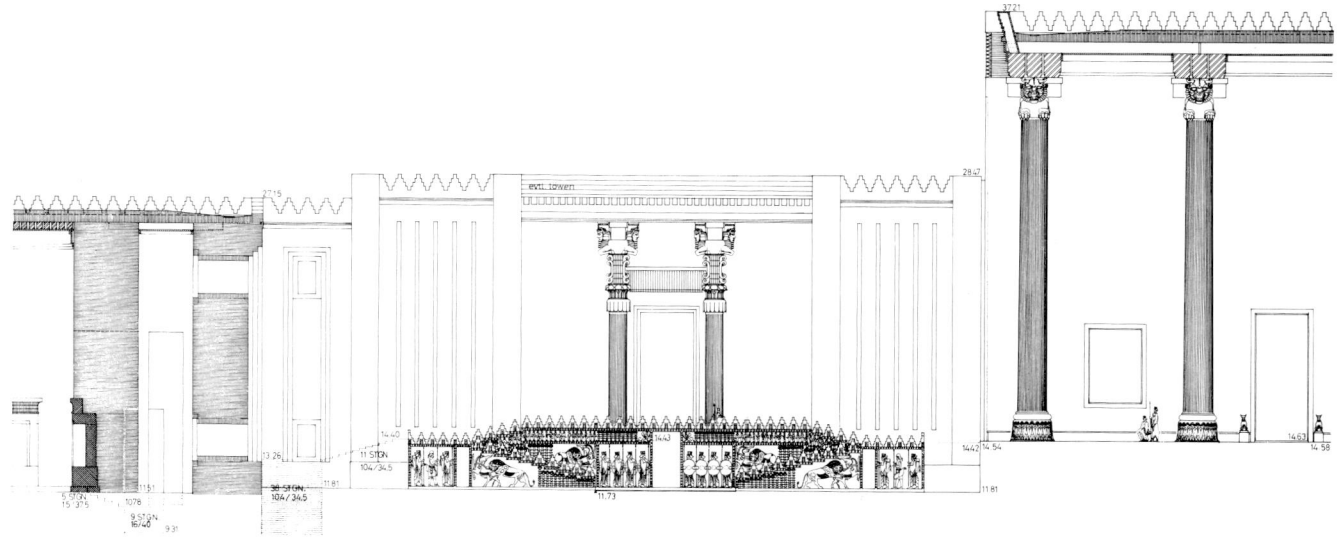

SCHNITT THRONSAAL DER KÖNIGE MIT KORRIDOR UND TREPPEN

0 mm ⊢⊣⊢⊣⊢⊣⊢⊣⊢⊣ 10 METER

TOR DER KÖNIGE

ÖSTLICHE VORHALLE ZUM AUDIENZSAAL DER KÖNIGE

6 Das Tripylon
Zeichnung von F. Krefter

Dieses zentrale Torgebäude (E) stellt die Verbindung her
zwischen dem privaten und dem öffentlichen Bereich des
Palastes. Rechts schließt der Apadana (Thronsaal) und
links der Hundertsäulensaal (M), das Büro der Beamten,
an.

7 Ostseite des Thronsaales und Tripylon
Zeichnung von F. Krefter

Von der Mauer zwischen dem Thronsaal (J) und dem Hundertsäulensaal (M) aus sieht man in die Osthalle und auf die Osttreppe des Thronsaales. Die Wände der Treppe sind mit Reliefs geschmückt. Dargestellt ist die Audienz des Königs. Alle Völker bringen ihm Tribut. Hinten links schließt das Tripylon (E) an.

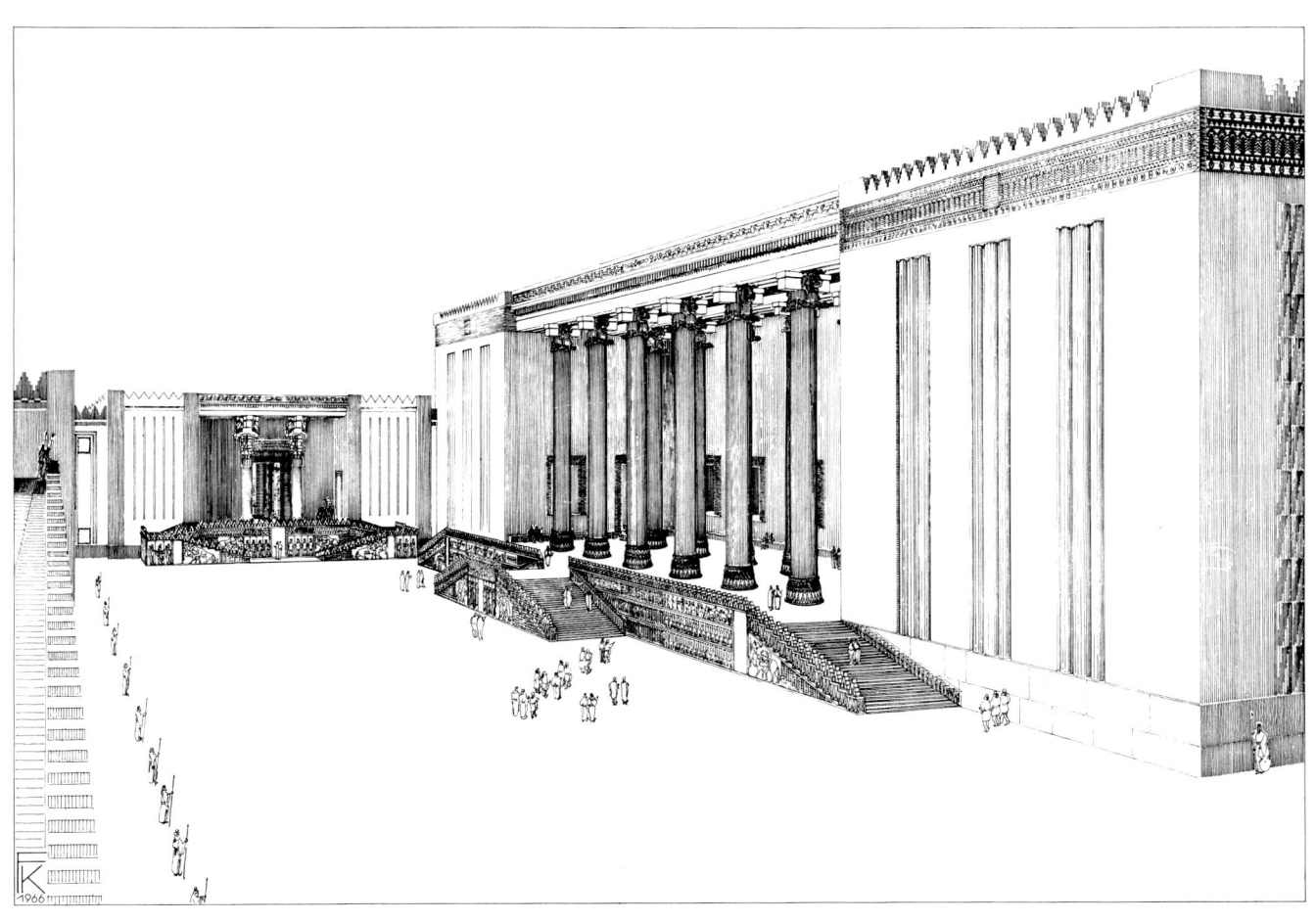

HADISH   TREPPE ZUM HADISH

8   Schnitt durch das Tripylon
     Zeichnung von F. Krefter

Im Tripylon (E) trennen sich der private Bereich im
Süden (links), und der öffentliche Bereich im Norden
(rechts). Links ist in Ansicht die Treppe zum Xerxespalast (Abb. 35) dargestellt, rechts schließt der Thronsaal
an. Die Säulen im Innenraum des Tripylon und die der
Vorhallen sind mit den hohen Kompositkapitellen ausgestattet, die den Amtsgebäuden ihren besonderen Charakter geben.

9   Blick vom Tripylon auf die Osthalle des   ▷
     Thronsaales
     Zeichnung von F. Krefter

Der Thronsaal (J) steht in einem großen Hof. Auf der
vom Tripylon (E) in den Hof hinabführenden Treppe
sind die Hofbeamten dargestellt. An den Treppen des
Thronsaales ist die Größe des Reiches dadurch dargestellt, daß der König, umgeben von seinem Hofstaat, lan-
destypische Tribute der Reichsvölker entgegennimmt.

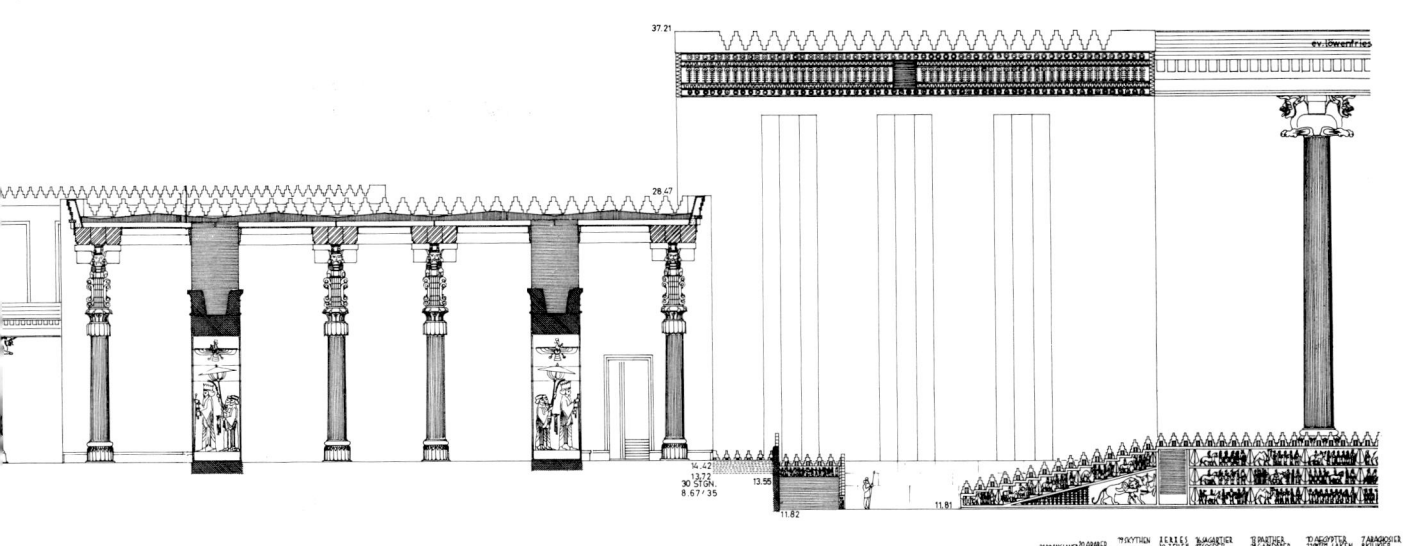

TOR DER KÖNIGE

APADANA – OSTSEITE

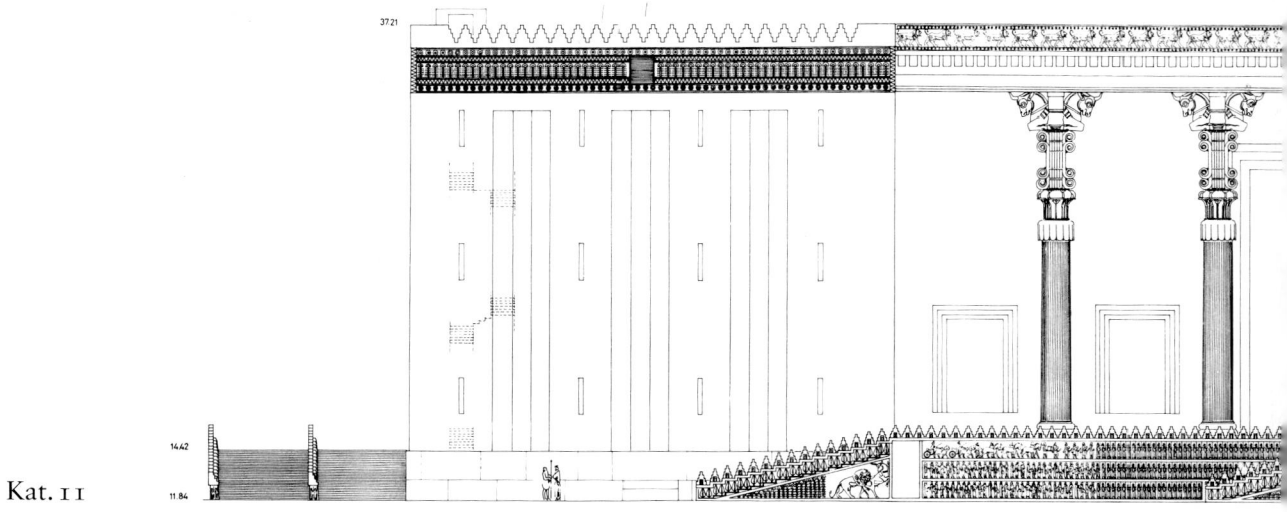

Kat. 11

Kat. 10

0 mm 10   50
1m   2m

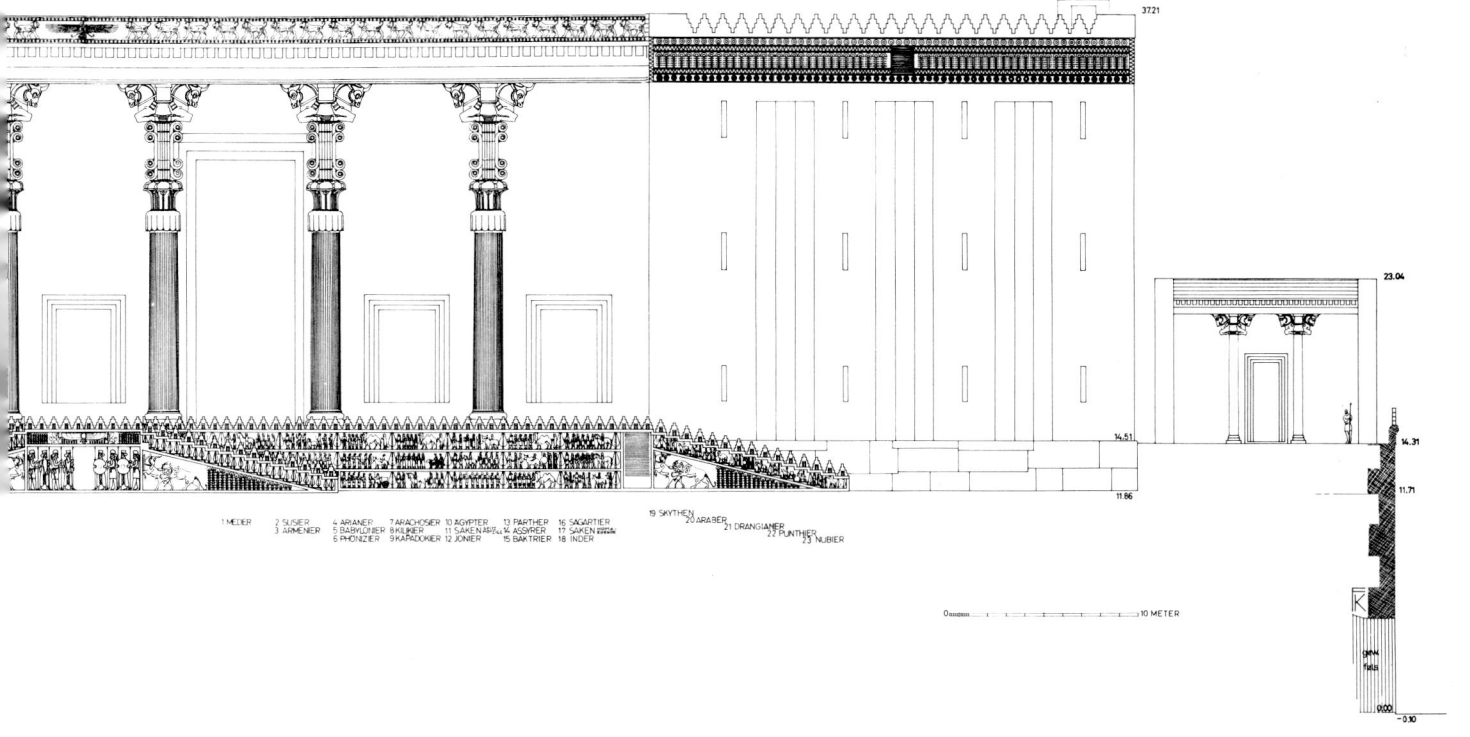

37.21

23.04

14.51

14.31

11.86

11.71

1 MEDER 2 SUSIER 4 ARIANER 7 ARACHOSIER 10 ÄGYPTER 13 PARTHER 16 SAGARTIER 19 SKYTHEN
3 ARMENER 5 BABYLONIER 8 KILIKER 11 SAKEN ARI 14 ASSYRER 17 SAKEN 20 ARABER 21 DRANGIANER
6 PHÖNIZIER 9 KAPADOKIER 12 JONIER 15 BAKTRIER 18 INDER 22 PUNTHIER 23 NUBIER

0 1 10 METER

0.00 −0.10

10 Audienzrelief von der Nordtreppe des Thronsaales
Zeichnung von F. Krefter

Dieses Relief und sein Gegenstück von der Osttreppe sind unter Xerxes vom Apadana (J) entfernt und in das Schatzhaus (B) gebracht worden. Unter dem Baldachin sitzt König Darius I. auf dem Thron (Abb. 14), vor dem zwei Räuchergefäße aufgestellt sind. Hinter dem König steht der Kronprinz Xerxes. Der Hofmarschall tritt vor den König und meldet die Vertreter der Reichsvölker zur Audienz. Hinter dem König und seinem Sohn stehen sein Kammerdiener und der Träger der königlichen Zeremonialwaffen. Neben dem Baldachin stehen der Standartenträger und als Leibwachen die Lanzenträger.

11 Der Thronsaal (Nordseite)
Zeichnung von F. Krefter

Die Gliederung der Fassade in dreizehn Säulenabstände, von denen sieben auf die Vorhalle und je drei auf die Ecktürme entfallen, wird ablesbar. Dieser Thronsaal und der gleiche in Susa sind die größten Saalbauten, die je in der Antike geschaffen worden sind. Der Baukörper ist 112 m lang. Seine Höhe beträgt 1/5 der Länge.

73

12   Der Thronsaal von Norden
Zeichnung von F. Krefter

Von dieser Seite wurden Besucher zum König vorgelassen. Der Thronsaal (J) ist durch einen 2,60 m hohen Sokkel über das Niveau des Hofes hinausgehoben. Rundstäbe gliedern nach mesopotamischer Art die Wandflächen der Ecktürme. Die hohen Kompositkapitelle der Säulen dieser Vorhalle sind die gleichen wie im Thronsaal selbst.

13   Blick aus der westlichen Säulenhalle des Thronsaales
Zeichnung von F. Krefter

Die Größe des Baues ist hier am deutlichsten. Über 19 m ragen die Säulen auf. Die Basen sind schulterhoch (Abb. 16). Drei Balken nebeneinander, jeder aus einer Altzeder gehauen, sind als Hauptträger des Daches verwendet. Der Säulenabstand beträgt ca. 8,50 m.

14 Der Thronsaal (Südseite)
Zeichnung von F. Krefter

Die Südseite ist die Rückseite des Thronsaales (J). Die schmalen rückwärtigen Räume dienten als Lager für kostbare Gegenstände, die im Thronsaal gebraucht wurden. Durch die rückwärtigen Türen hatte der König direkten Zugang zum Thronsaal von seinem Wohnpalast (I) aus. Ein überdeckter Gang führte vom Tripylon (E) aus zu einer niedrigen, schattenspendenen Säulenhalle, die ein Vordach über den Türen zum Thronsaal darstellt.

15 Treppe des Xerxes zum »Tor aller Länder«
Zeichnung von F. Krefter

Der unregelmäßige Schnitt der großformatigen Steine an dieser Treppenanlage stellt eine andere »Stilstufe« dar als der von der Terrasse unterhalb des Thronsaales. Xerxes hat die Treppe (L) und das Tor (K) bauen lassen. Stiere bewachen den Eingang zum »Tor aller Länder«. Hier schützt eine hohe Festungsmauer den Palast.

Kat. 13

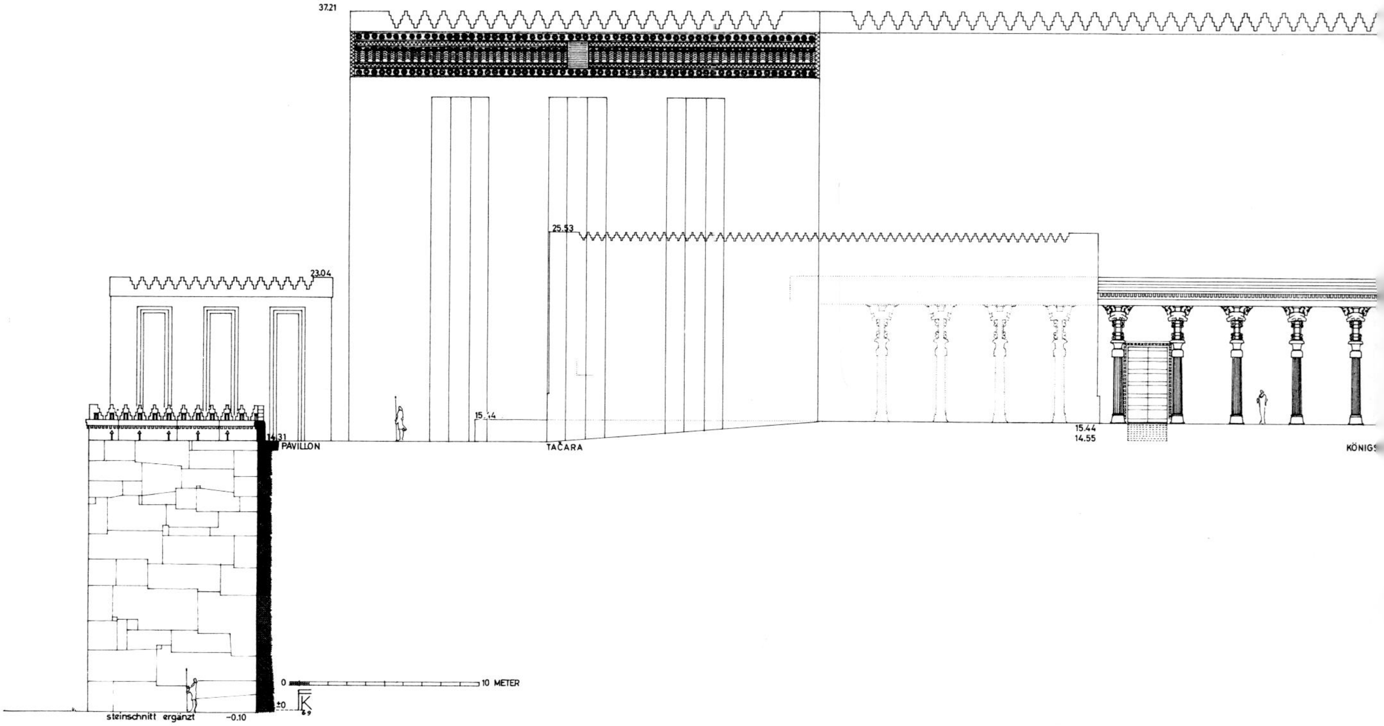

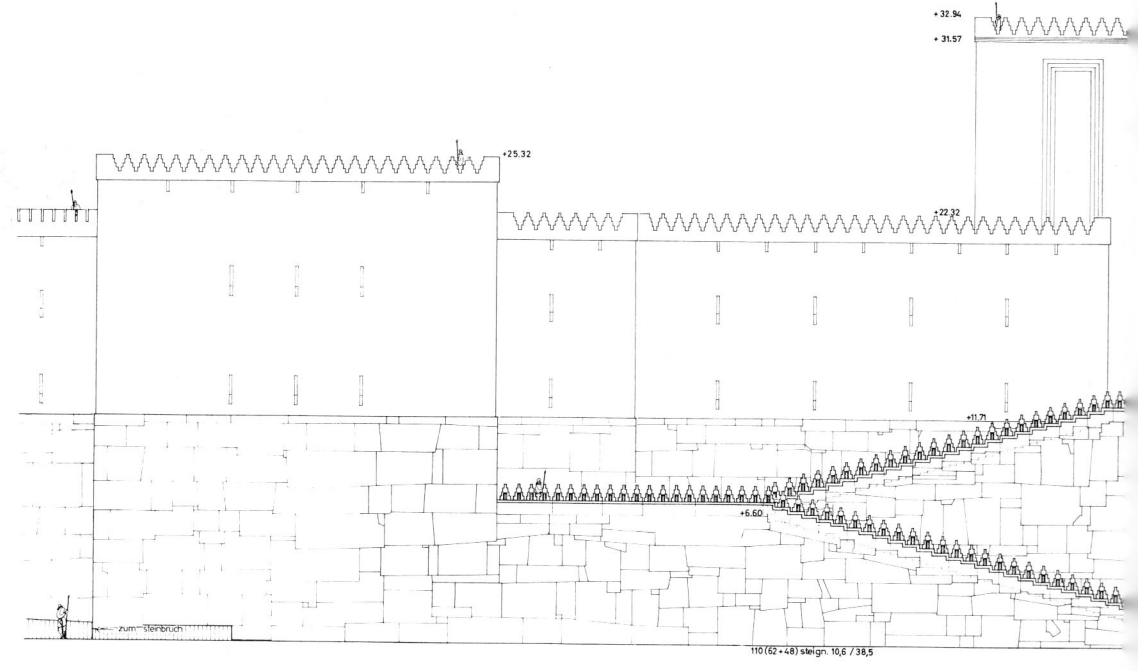

37.21

23.04

25.53

15.14

PAVILLON
14.31

TAÇARA

15.44
14.55

KÖNIGS

steinschnitt ergänzt   −0.10

0   10 METER

±0.

Kat. 14

+32.94
+31.57

+25.32

+22.32

+11.71

+6.60

zum steinbruch

110 (62 + 48) steign. 10,6 / 38,5

Kat. 15

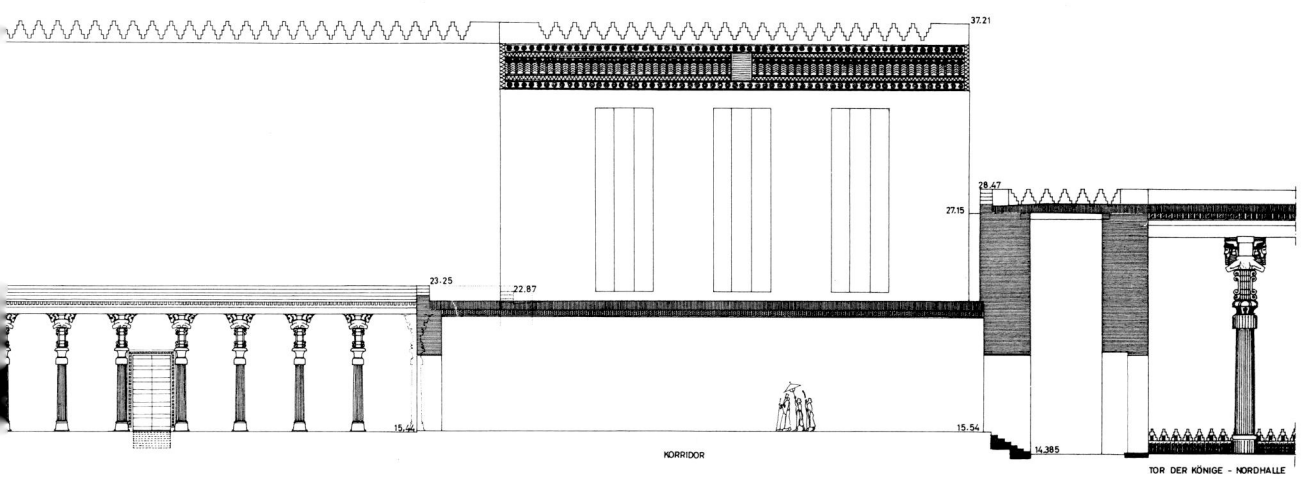

KORRIDOR

TOR DER KÖNIGE · NORDHALLE

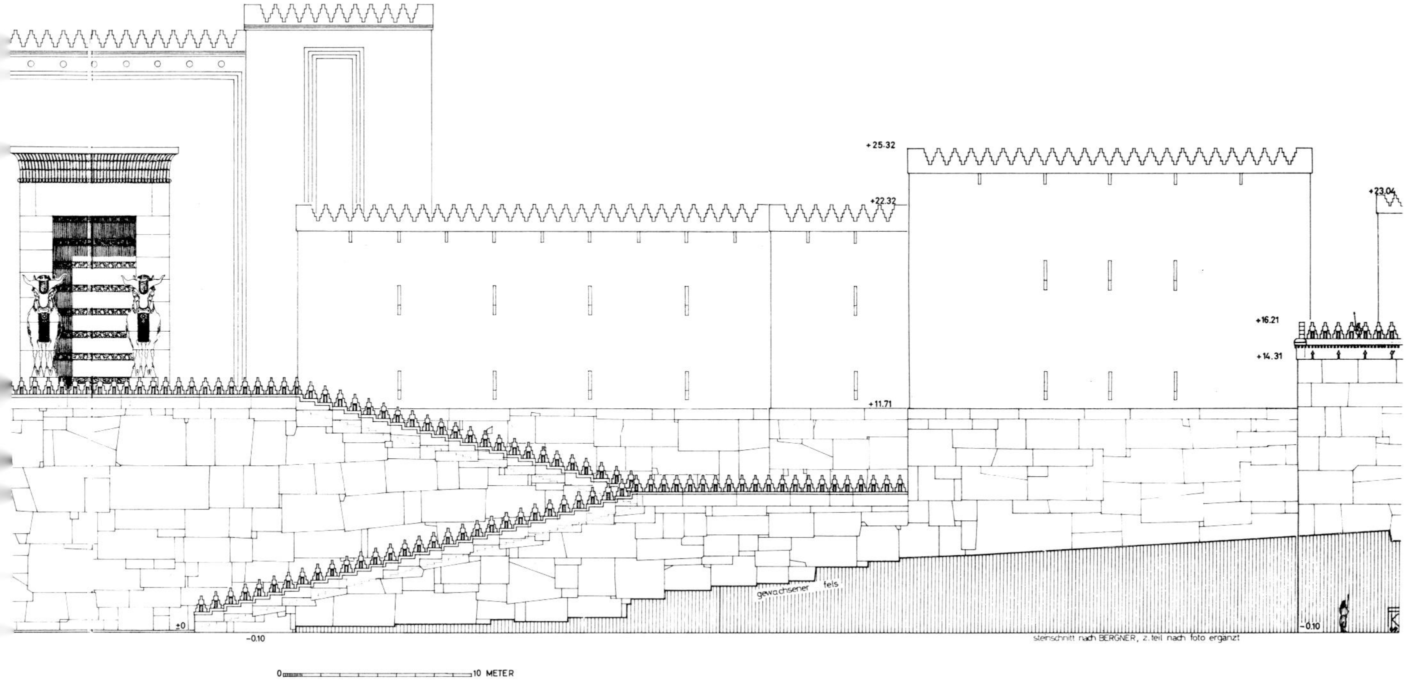

37.21

28.47

27.15

23.25   22.87

15.44   15.54

14.385

+25.32

+22.32

+23.04

+16.21

+14.31

+11.71

±0   -0.10

gewachsener fels

sternschnitt nach BERGNER, z. teil nach foto ergänzt

-0.10

0   10 METER

16 Treppe zum »Tor aller Länder«
Zeichnung von F. Krefter

Mit 10,5 cm niedrigen, aber sehr tiefen Stufen steigt die Treppe flach an (Abb. 33). Man muß darauf langsam gehen, um zum Eingang des Palastes (K) zu kommen. Die Befestigungsmauer im Hintergrund schließt den ganzen Berg mit ein.

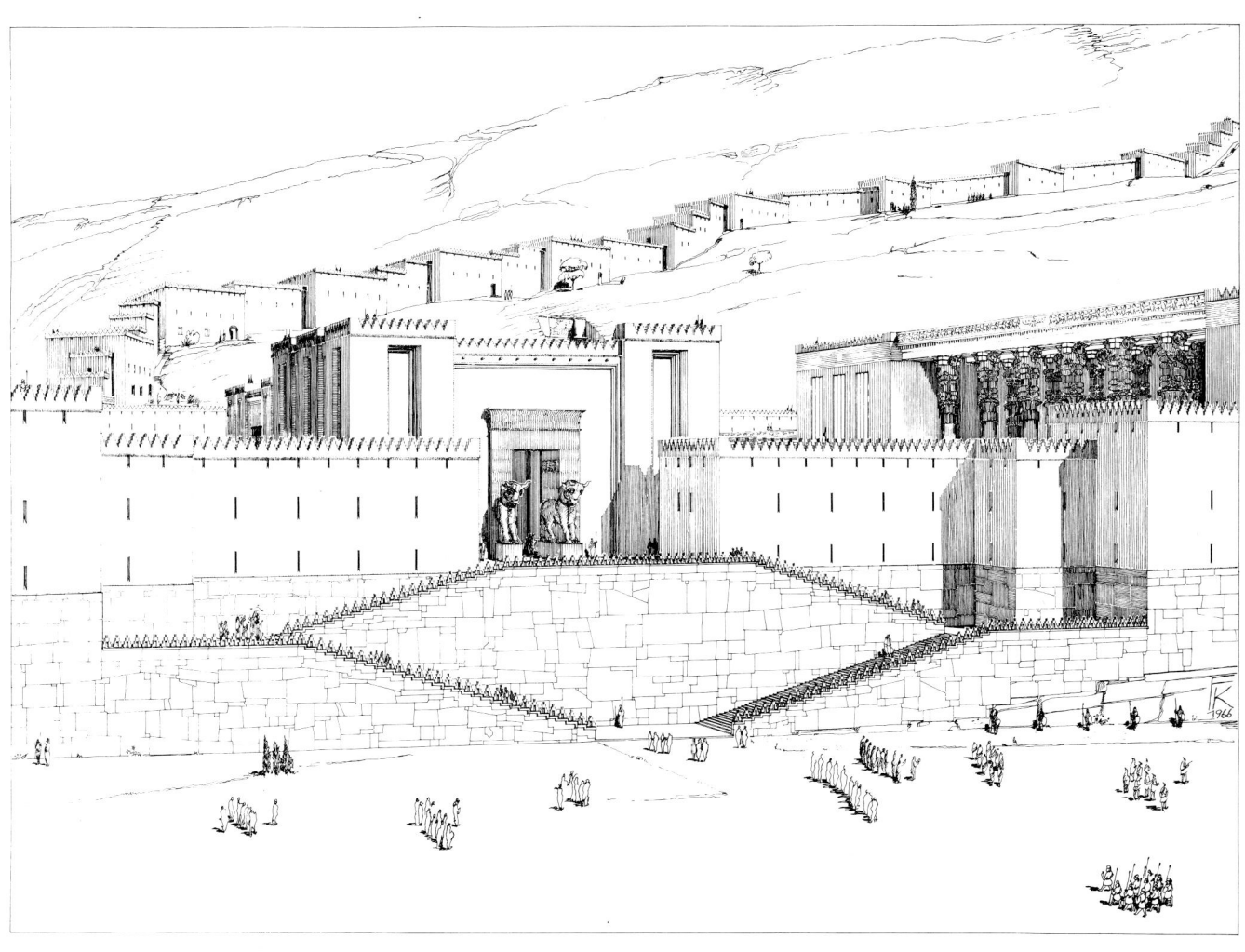

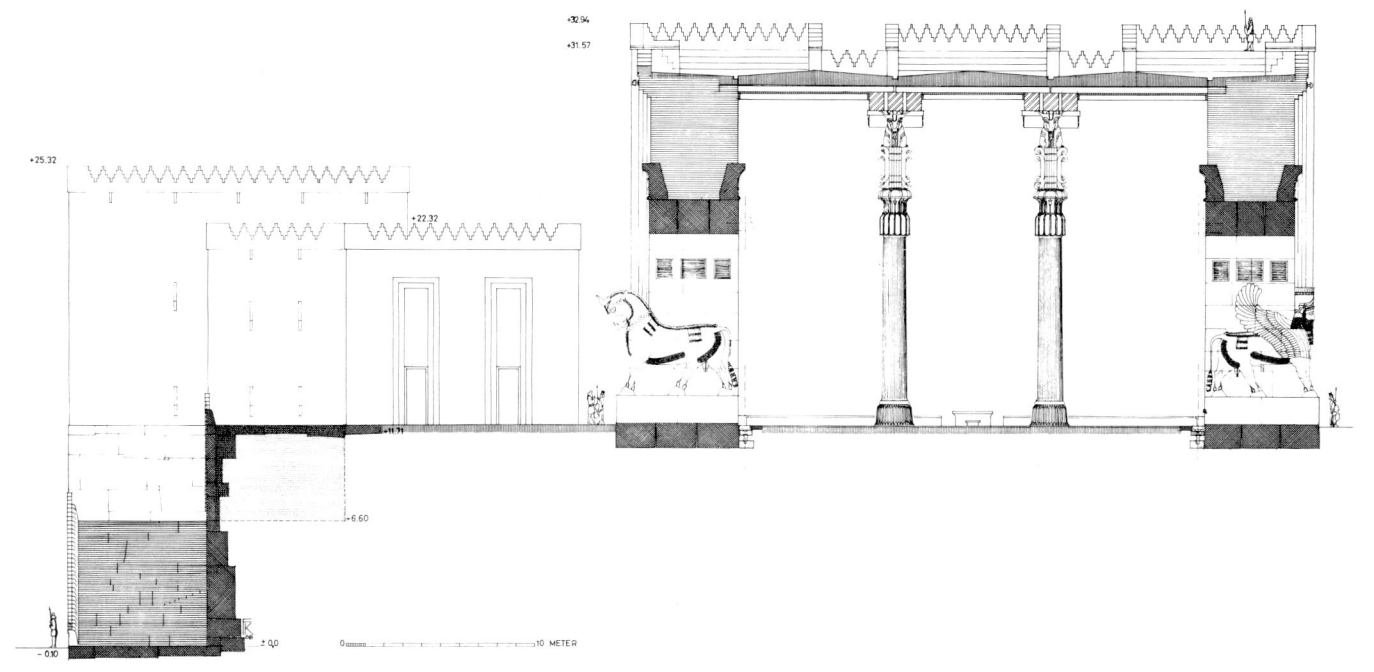

17 Treppe und »Tor aller Länder«
Zeichnung von F. Krefter

Zweifach hintereinander gestaffelt überwindet die
Treppe die an dieser Stelle 11,71 m hohe Terrasse mit
111 Stufen, jede 1/5 Elle hoch, jeweils auf auseinander-
laufenden und wieder zusammenkommenden breiten
Treppenläufen. Oben auf der Terrasse steht das Torgebäude (K). Seine Decke wird mit vier Säulen gestützt, die
jeweils Dreifachbalken über einem Querholz tragen. An
der Rückwand des Raumes befindet sich ein erhöhter Sitz
mit Fußbank für den Hofmarschall, der hier seinen Amtssitz hatte und von hier aus die Audienzen vorbereitete
und leitete.

18 Tür aus dem »Tor aller Länder« ▷
Zeichnung von F. Krefter

Riesig sind die Flügel der Tür, die sich für den Besucher
des Königs öffneten, wenn er in den Hof vor den Thronsaal (J) geleitet wurde.

19 Speisesaal der Beamten
Zeichnung von F. Krefter

An der Ostseite des großen Hofes liegt im Anschluß an
die Palastküche (N) der repräsentative Speisesaal für die
Hofbeamten und Gäste. Er hat eine achtsäulige Fassade.
Links schließt ein Verwaltungsgebäude an, wo vielleicht
der Wareneingang für die Hofhaltung sich befand.

20 Der Hundertsäulensaal
Zeichnung von F. Krefter

Der Hundertsäulensaal (M) ist der zweite Audienzsaal,
das Großraumbüro der Hofbeamten. Man betritt ihn zu
ebener Erde im Gegensatz zu dem erhöhten Thronsaal
des Großkönigs, dem Apadana (J). Links von dieser
Audienzhalle befindet sich der Speisesaal der Hofbeamten, der im Schnitt wiedergegeben ist.

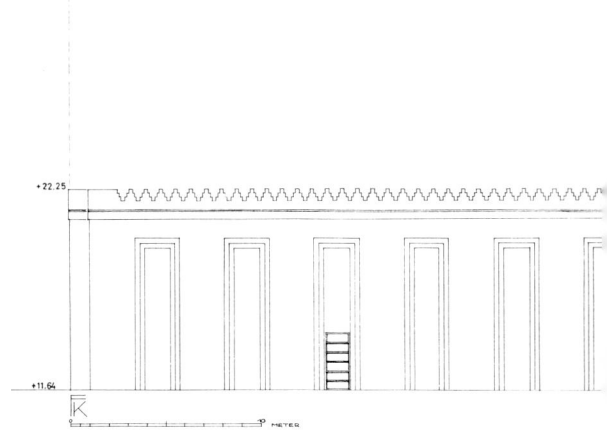

VERWALTUNG

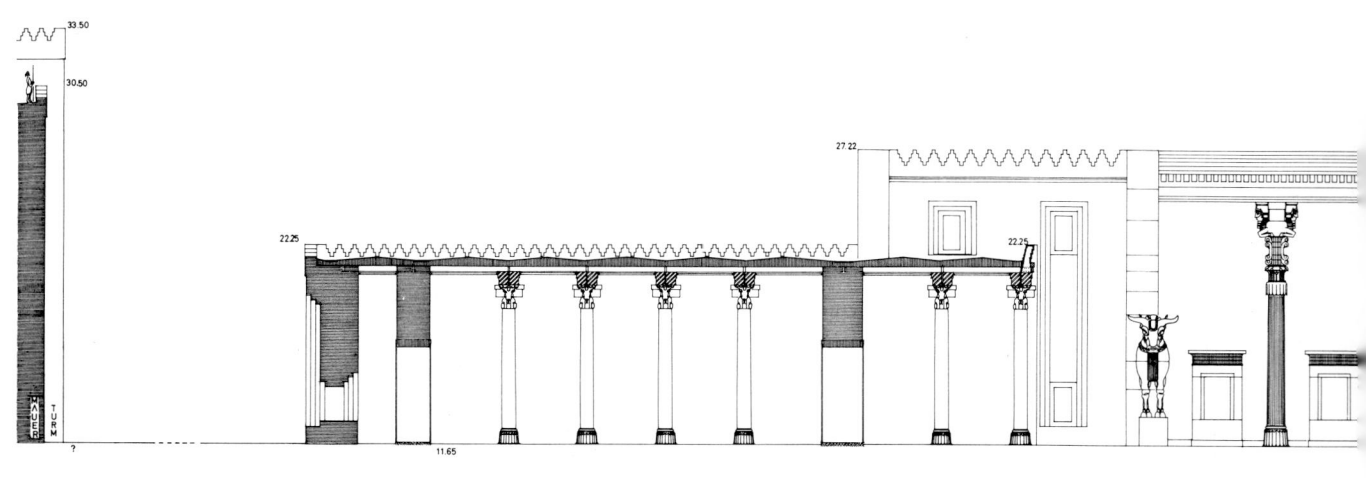

GARNISON-STRASSE BREITE ca 16.00m

SAAL DER ARMEE

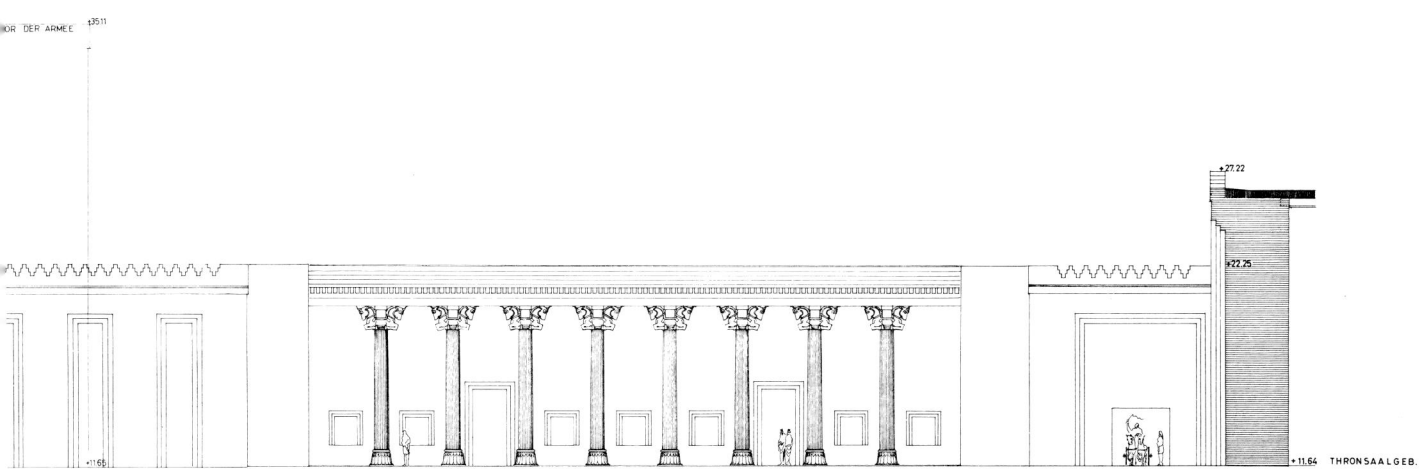

OR DER ARMEE +35.11

+27.22

+22.25

+11.66

+11.64 THRONSAALGEB.

SAAL   DER   ARMEE

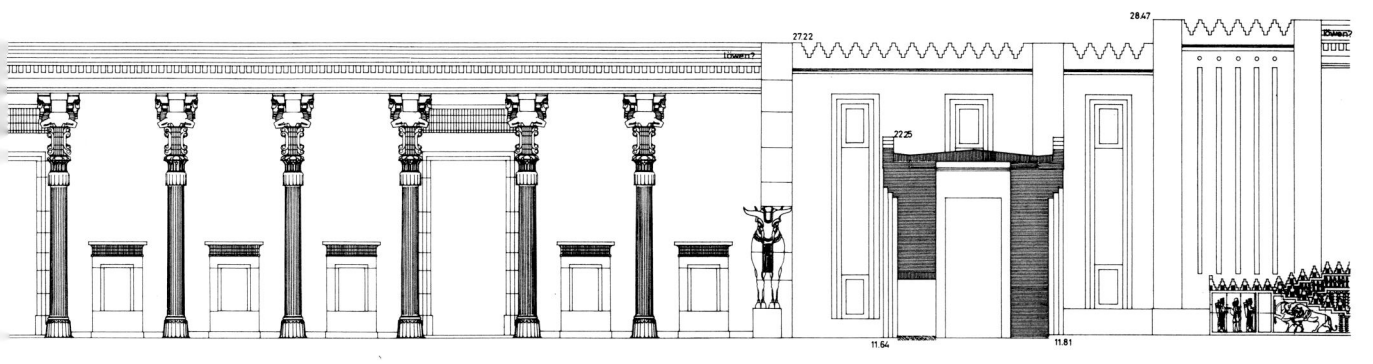

LÖWNGATT?

28.47

27.22

22.25

11.64   11.81

THRONSAAL DER KÖNIGE

HOFMAUER

TOR DER KÖNIGE

0   10 METER

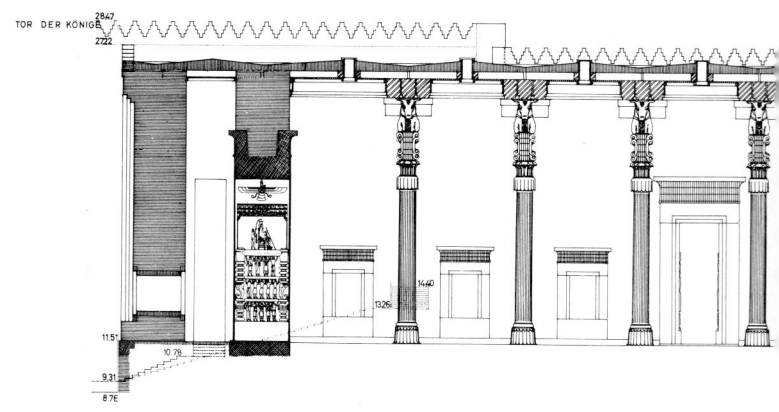

Kat. 21

Kat. 22

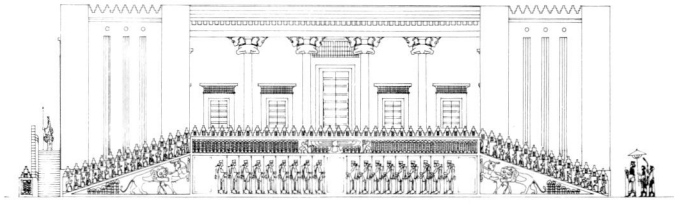

TAČARA – SÜDSEITE

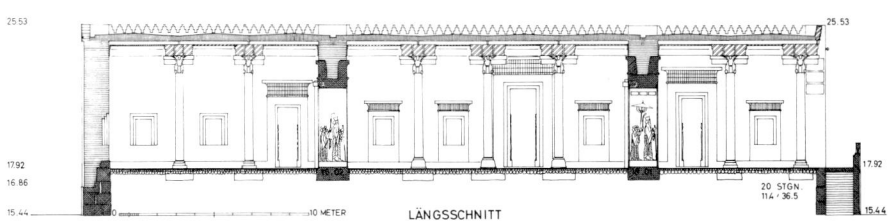

LÄNGSSCHNITT

Kat. 23

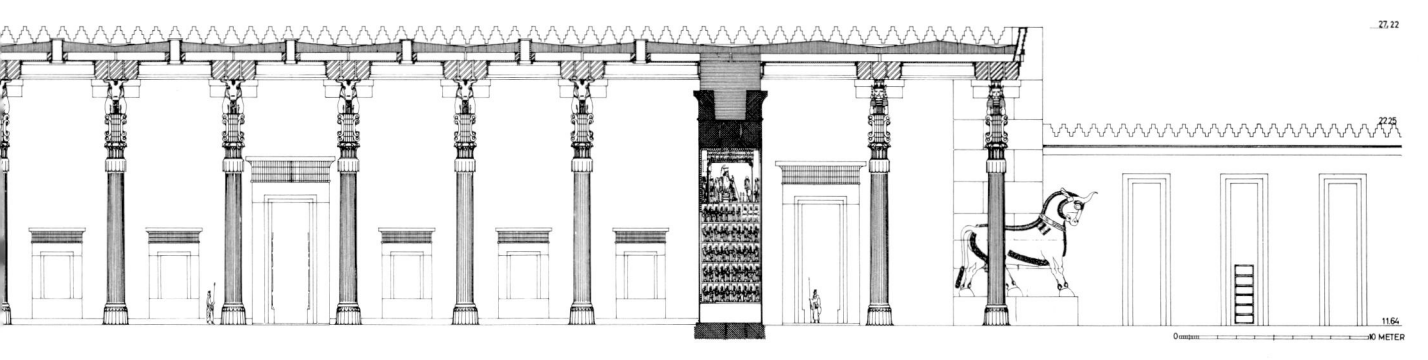

RONSAAL DER KÖNIGE

21 Hundertsäulensaal
Zeichnung von F. Krefter

Parallel zum Thronsaal (J) steht dieser zweite Thronsaal (M), ein Bürogebäude für die Beamten, dessen achtsäulige Vorhalle von zwei riesigen Stieren flankiert wird. Das Tor links an der Nordseite des Hofes war noch nicht fertig geworden. Geradeaus an der Hofseite befindet sich der Speisesaal. In den Fels des Berges, der von der Mauer eingeschlossen ist, ließ sich ein späterer König sein Grab einmeißeln.

22 Hundertsäulensaal
Zeichnung von F. Krefter

10 mal 10 Säulen stützen die Decke dieses großen Saales (M), in dem ein Großteil der Hofbeamten die Amtsgeschäfte niederen Ranges im Auftrage des Königs erledigte. Rechts öffnet sich die Vorhalle auf den Hof. Die kolossale Größe des Stieres wird im Verhältnis zu dem Soldaten vor der Wachstube deutlich. In den Eingangstüren ist der König bei der Audienz über Reihen von Soldaten wiedergegeben. Auch in den Laibungen der rückwärtigen Türen thront der König auf einem riesigen Hocker.

Kat. 24

23 Wohnpalast des Darius
Zeichnung von F. Krefter

Die Vorhalle des erhöht auf einem Podium stehenden
Wohnpalastes (I) öffnet sich mit vier Säulen nach Süden.
Im Schnitt erkennt man die Abfolge der Räume: rechts
die Vorhalle, darauf das große Wohnzimmer, dahinter
die kleineren Schlafzimmer. In den Türen tritt einem
jeweils der König entgegen.

24 Wohnpalast des Darius
Zeichnung von F. Krefter

Der Wohnpalast des Königs (I) steht nach Süden gerichtet, Rücken an Rücken mit dem Thronsaal. Auf einem
Sockel ist er über die Umgebung erhoben. Treppen führen zur viersäuligen Vorhalle. Rechts führt eine Treppe
hinauf zu dem Hof vor dem Wohnpalast des Xerxes (F).

25 Wohnpalast des Darius
Aquarell von F. Krefter (1933) 31,2×25,2 cm

Blick aus dem Wohnraum des Darius-Palastes. Durch die
Eingangstür und die Fenster aus riesigen Blöcken braun-
schwarzen Steines sieht man nach Süden Die Mittags-
sonne wirft blaue Schatten auf den Boden. In dem
Gewände der Tür das Reliefbild des Königs. Von Dienern
begleitet, tritt er unter dem Sonnenschirm in die Hellig-
keit hinaus. Die Helligkeitskontraste sind mit starken
Farben von Blau bis Rötlichbraun und Gelbgrün wiedergegeben.

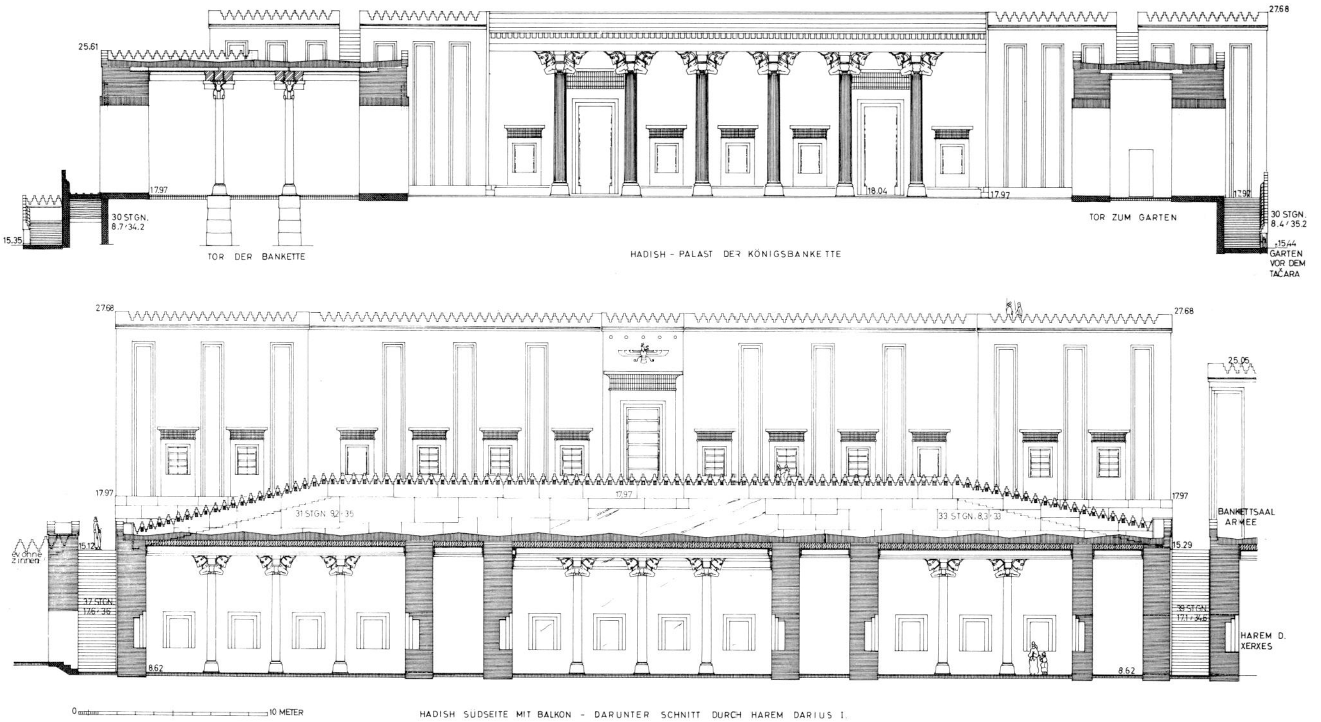

25.61
2768
1.797
18.04
17.92
17.92
15.35
30 STGN.
8.7 / 34.2
.15/44
GARTEN
VOR DEM
TAČARA
30 STGN.
8.4 / 35.2

TOR DER BANKETTE

HADISH - PALAST DER KÖNIGSBANKETTE

TOR ZUM GARTEN

2768
27.68
25.05
17.97
17.97
17.97
15.12
15.29
8.62
8.62
31 STGN. 12 - 35
33 STGN. 8.3 - 33
37 STGN.
176 - 35
38 STGN.
171 - 345

BANKETTSAAL
ARMEE

HAREM D.
XERXES

0   10 METER

HADISH SÜDSEITE MIT BALKON – DARUNTER SCHNITT DURCH HAREM DARIUS I.

Kat. 26

Kat. 27

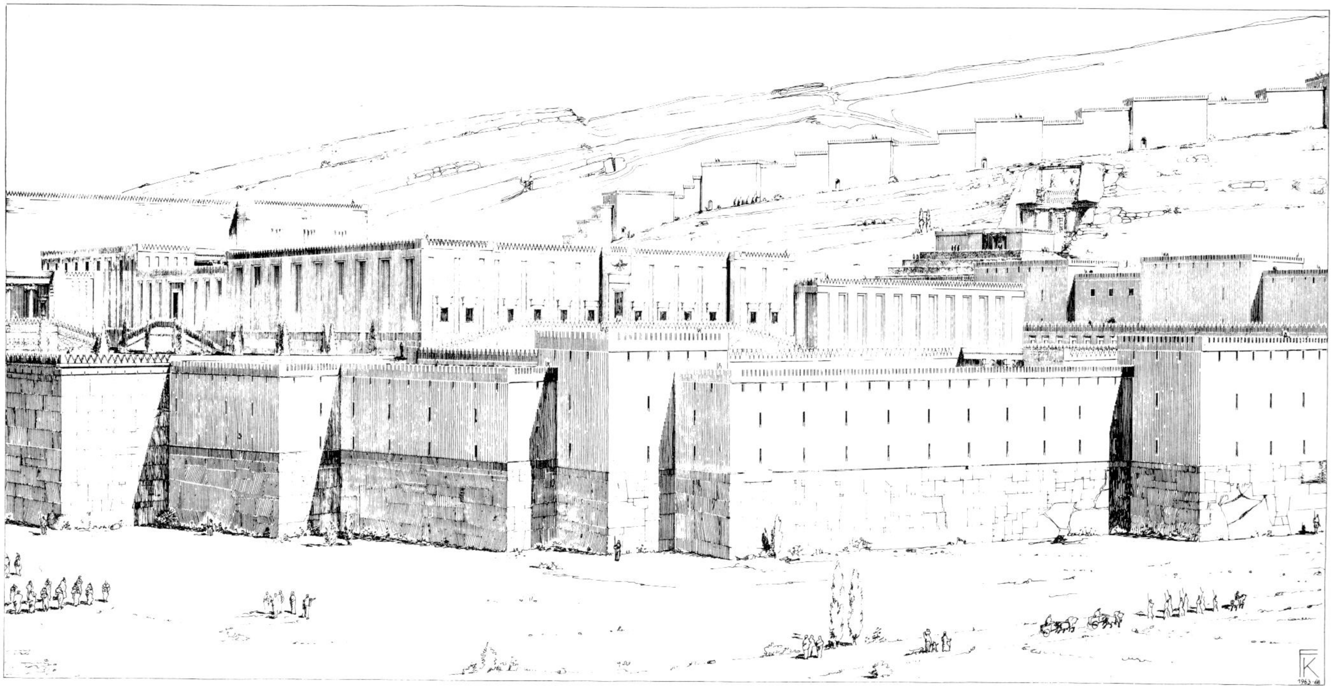

Kat. 28

26 **Wohnpalast des Xerxes**
   Zeichnungen von F. Krefter

Oben die Eingangseite von Norden. Der Palast ist fast
doppelt so groß als der seines Vaters. Links ist der Schnitt
durch das Tor gelegt, das oberhalb der Treppe zu dem
Palastbereich (Abb. 35) steht.
Unten die Ansicht von Süden. Das große Wohnzimmer
öffnet sich mit vielen Fenstern und einer Tür auf einen
Balkon oberhalb der Beamtenappartements, die im
Schnitt gezeichnet sind.

27 **Wohnpalast des Xerxes**
   Zeichnung von F. Krefter

Blick auf die Südwestecke der Terrasse von Persepolis.
Der große Baukörper des Xerxespalastes (F) steht hoch
über der Umfassungsmauer. Eine große Tür in der Mitte
und zwölf Fenster sind nach Süden geöffnet.

28 Wohnpalast des Xerxes
Aquarell von F. Krefter (1933) 25,2×19,1 cm

Blick von Süden auf die Terrasse. Aus dem anstehenden Fels ist die Plattform geschaffen, auf der Xerxes seinen Wohnpalast (F) errichten ließ. Die aus großformatigen Steinen gebauten Fenster und Türen in den Lehmziegelmauern stehen teilweise noch aufrecht, während der Lehm zerflossen ist. Im Vordergrund reicht die Lehmschicht von Umfassungsmauer und Beamtenwohntrakt bis in Höhe der Wohnzimmernischen eines der Beamtenappartements, die sich unterhalb des Xerxespalastes befanden.

29 Der Beamtenwohntrakt
Zeichnung von F. Krefter

Blick über den Hof auf die Fassade des Wohnraumes der Hofbeamten (C). Dieser Teil ist heute wieder aufgebaut

und dient als Museum. Unter der Säulenhalle an der Nordseite des Hofes, an dessen Rückseite der imaginäre Standpunkt des Zeichners ist, konnte man im Winter geschützt die wärmenden Strahlen der tiefstehenden Sonne genießen.

30 Das Schatzhaus
Zeichnungen von F. Krefter

Oben die Ansicht von Osten. Nur eine Türe führte in das weitläufige Gebäude (B), das zweimal erweitert worden ist. Die Fassade ist mit hohen, abgetreppten Nischen geschmückt.
Unten Schnitt von Nord nach Süd. Im mittleren Teil ist der Hof in Ansicht gegeben, unter dessen Vordächern die beiden Audienzreliefs vom Thronsaal aufgestellt waren.

Kat. 30

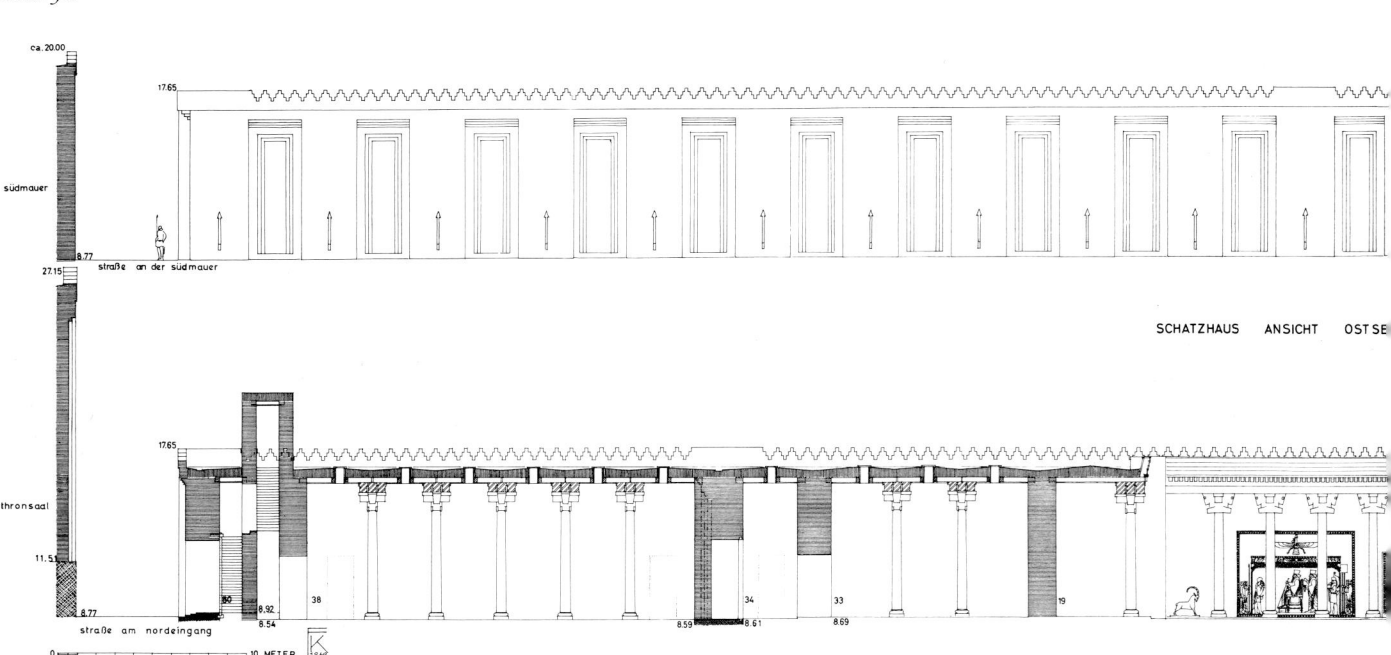

90

Kat. 29

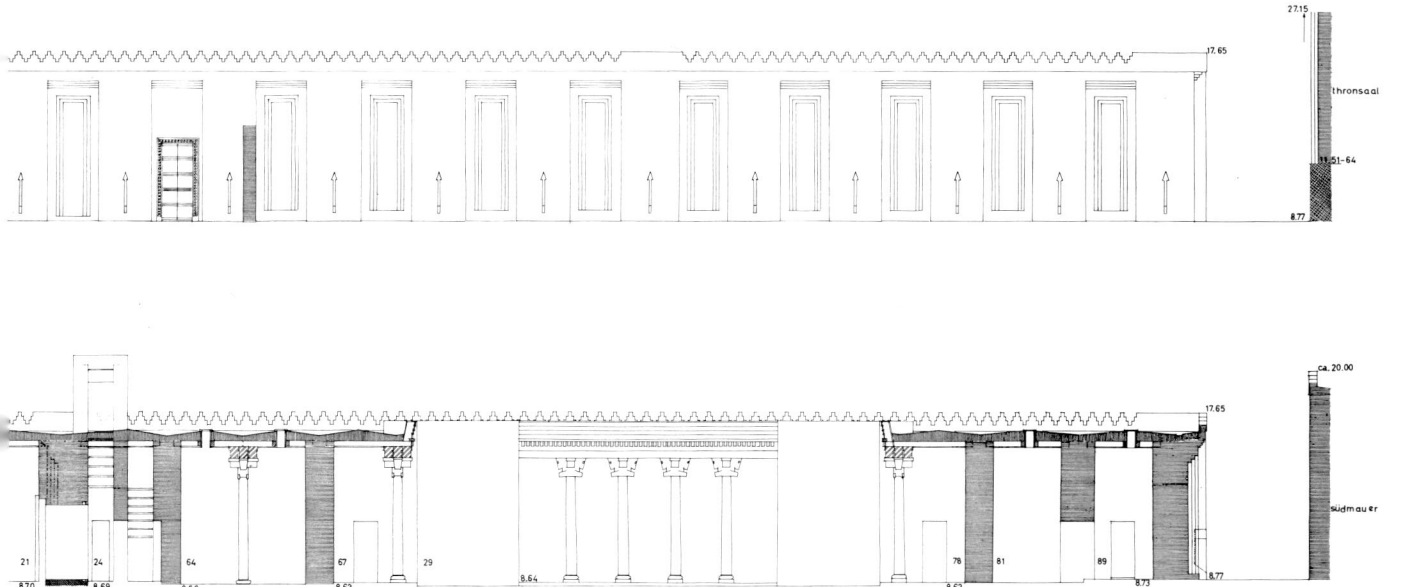

31 Im Hof des Schatzhauses
Zeichnung von F. Krefter

Man blickt von Westen in den kleineren, nördlichen Hof des Schatzhauses (B). Unter dem Dach der gegenüberliegenden und der rechten Säulenhalle sind die beiden Reliefs aufgestellt, die ursprünglich das Mittelbild der Reliefs an den Treppen des Thronsaales (J) waren. Xerxes hatte sie entfernen lassen, da er auf ihnen nur als Kronprinz hinter seinem Vater Darius dargestellt war.

32 Das unvollendete Tor
Zeichnung von F. Krefter

Das Tor vor dem Hundertsäulensaal (M) ist das letzte Bauwerk von Persepolis. Als Alexander den Palast eroberte, war es noch nicht vollendet. Das Gerüstmaterial von dieser Baustelle diente zur Einäscherung des großen Thronsaales und des Hundertsäulensaales.

Kat. 32

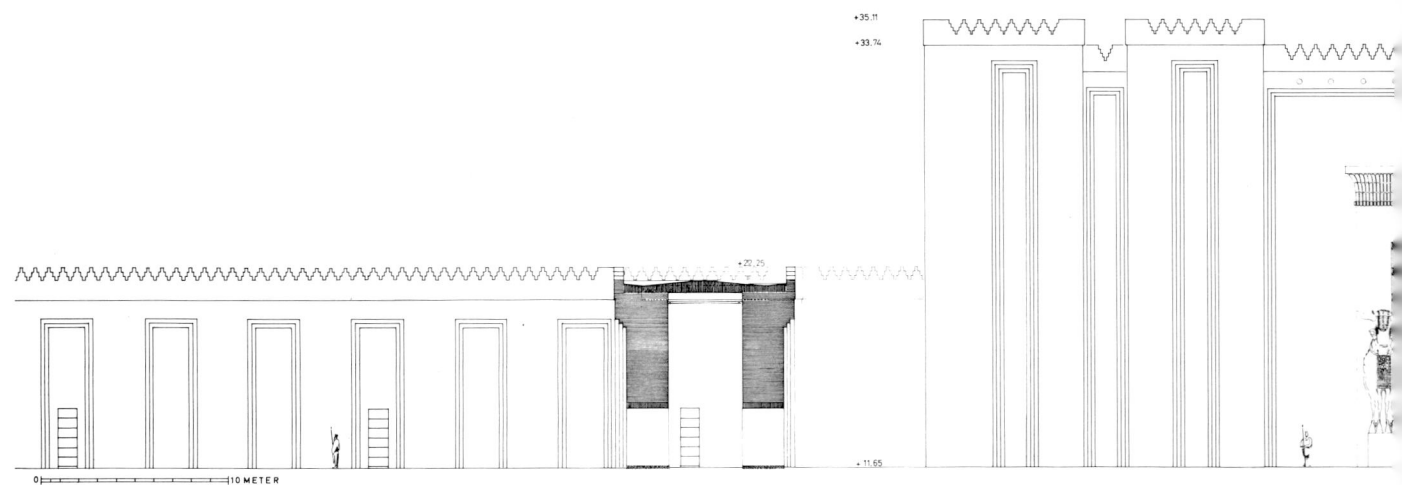

STRASSE DER ARMEE

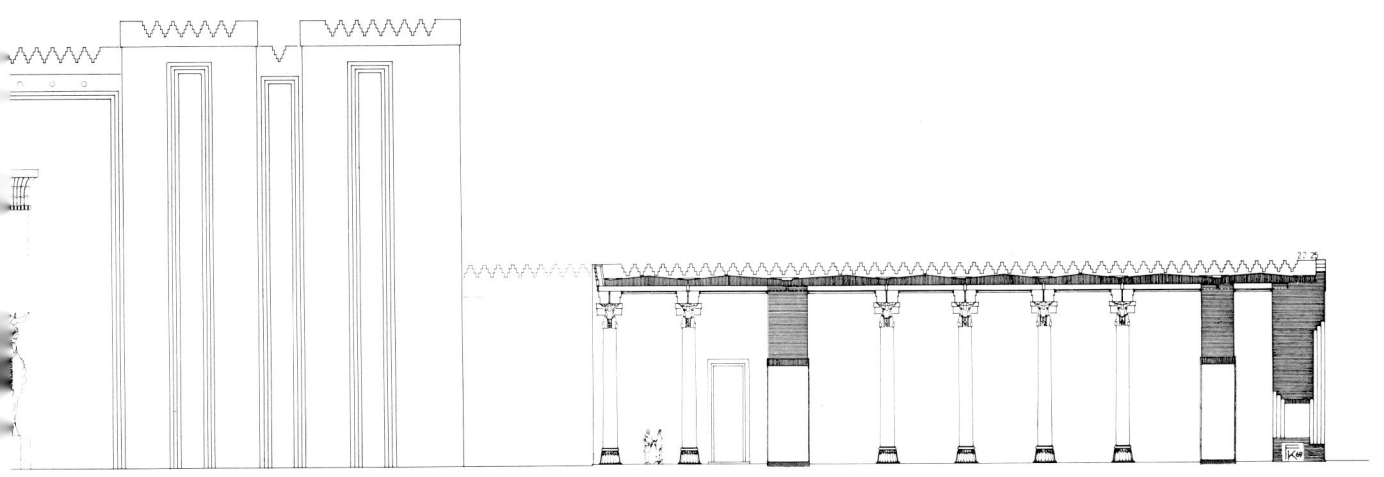

Kat. 31

DER ARMEE   SAAL DER ARMEE

33 Rekonstruierter Plan von Persepolis
von F. Krefter

In diesem Plan ist der Versuch gemacht, auch Gebäude zu ergänzen, die nicht durch Grabung gesichert sind. Die Bezeichnungen der Gebäude sind zum Teil überholt:

1 Treppe zum »Tor aller Länder« (L)
2 »Tor aller Länder« (K)
3 Straße zum »Hundertsäulensaal«
4 Tor vor dem Hundertsäulensaal (M)
5 Hof vor dem Hundertsäulensaal
6 Hundertsäulensaal = Großraumbüro der Hofbeamten (M)
7 Speisesaal der Beamten
8 Verwaltung – Wareneingang
9 Palastküche (N)
10 Thronsaal (J)
11 Kolonnade an der Rückseite des Thronsaales
12 Tripylon (E)
13 Verwaltung
14 Treppenanlage und Tor zum Palast des Xerxes
15 Saalbau (?) (D)
16 Wohnpalast des Xerxes (F)
17 Ort des Palastheiligtums (?) (G)
18 Wohnpalast des Darius (I)
19 Terrasse vor dem Wohnpalast
20 Wohnraum der Hofbeamten (C)
21 Appartement
22 Beamtenappartements
23 Schatzhaus 1. Bauphase (B)
24 Schatzhaus 2. Bauphase (B)
25 Schatzhaus 3. Bauphase (B)
26 Turm in Ostmauer der Terrasse (A)
27 Tor zur Bergbefestigung
28 Turm in der Nordmauer der Terrasse (O)
29 Provisorisches Arbeitstor (W)
30 Felsgrab von Artaxerxes II. (P)
31 Felsgrab von Artaxerxes III.
32 Zisterne
33 Baureste nach Luftbild
34 Kaserne
35 Lager

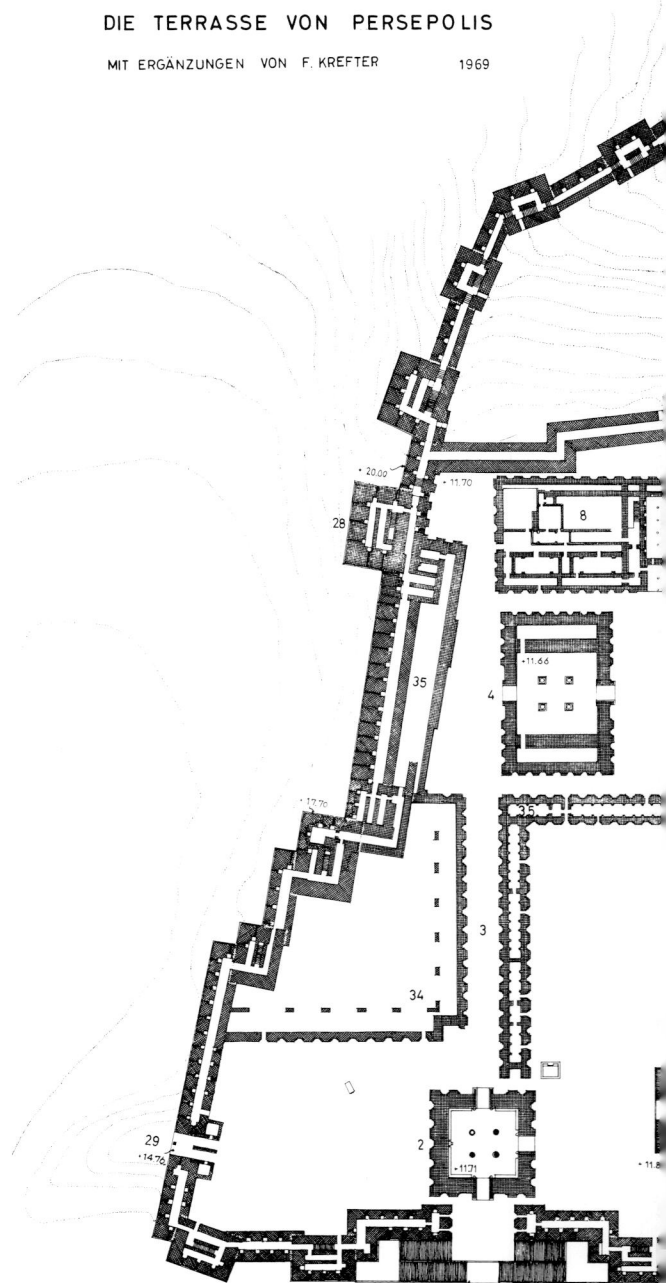

DIE TERRASSE VON PERSEPOLIS

MIT ERGÄNZUNGEN VON F. KREFTER   1969

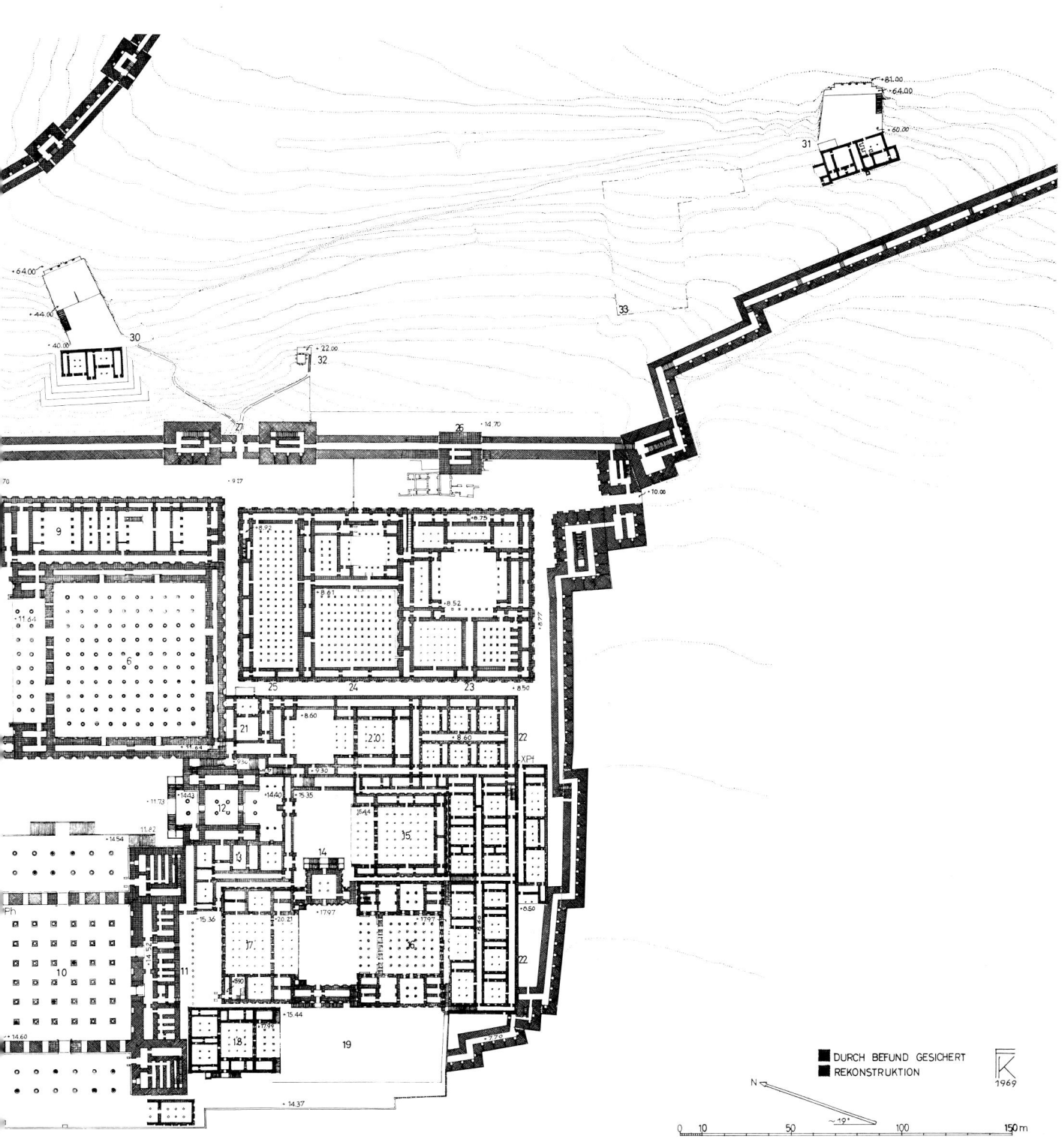

DURCH BEFUND GESICHERT
REKONSTRUKTION

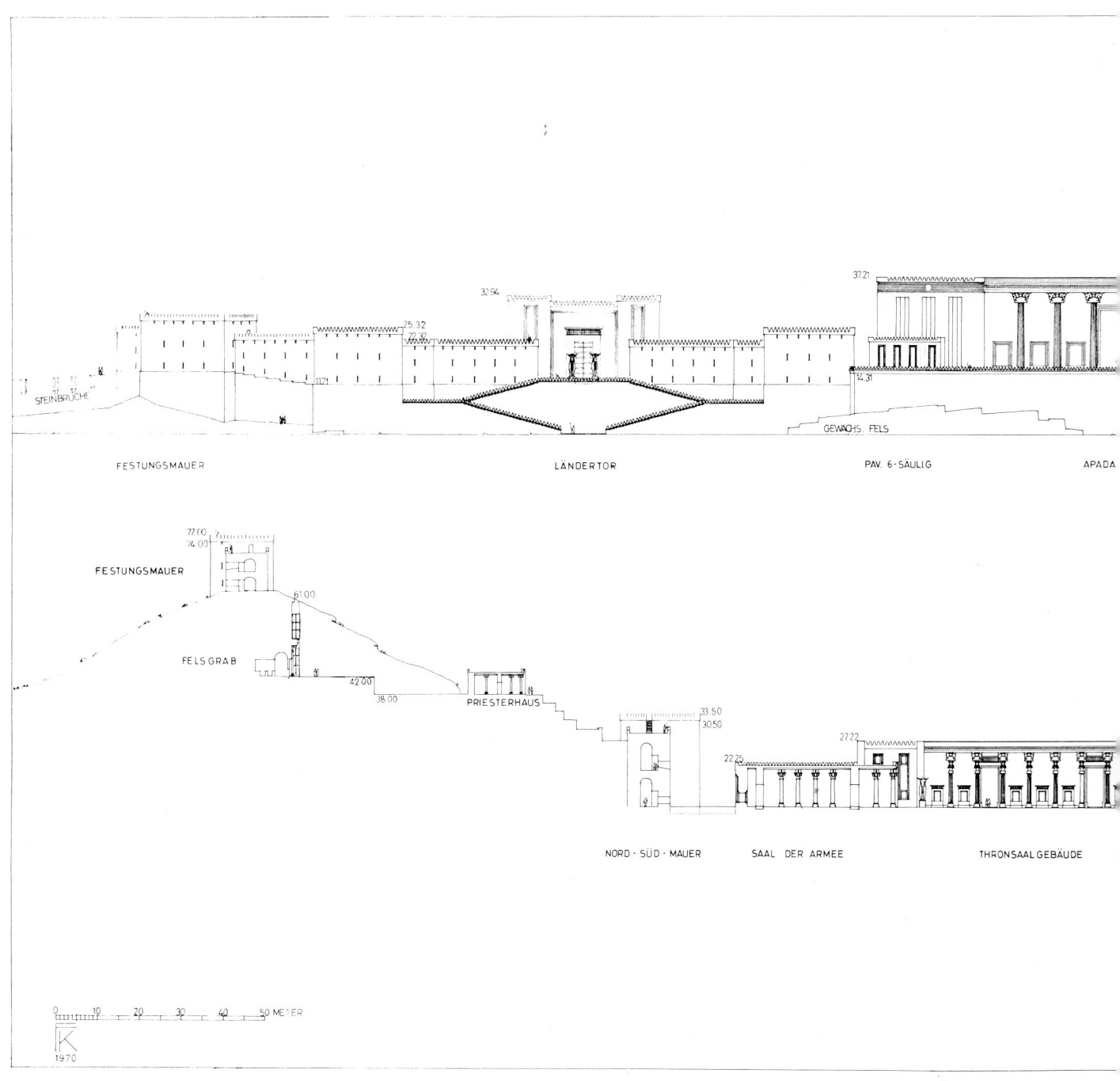

FESTUNGSMAUER   LÄNDERTOR   PAV. 6·SÄULIG   APADA

STEINBRÜCHE

GEWACHS. FELS

FESTUNGSMAUER

FELS GRAB

PRIESTERHAUS

NORD · SÜD · MAUER   SAAL DER ARMEE   THRONSAAL GEBÄUDE

0   10   20   30   40   50 METER

K
1970

Kat. 34

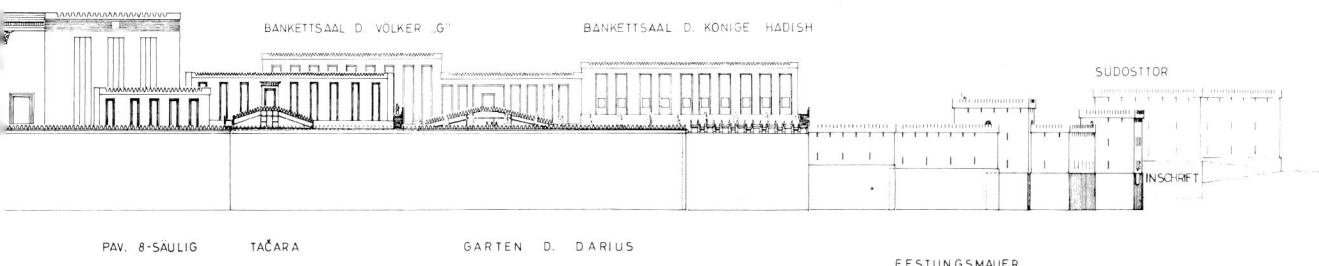

BANKETTSAAL D. VÖLKER „G"   BANKETTSAAL D. KÖNIGE HADISH   SÜDOSTTOR

INSCHRIFT

PAV. 8-SÄULIG   TAČARA   GARTEN D. DARIUS   FESTUNGSMAUER

ANSICHT VON WEST

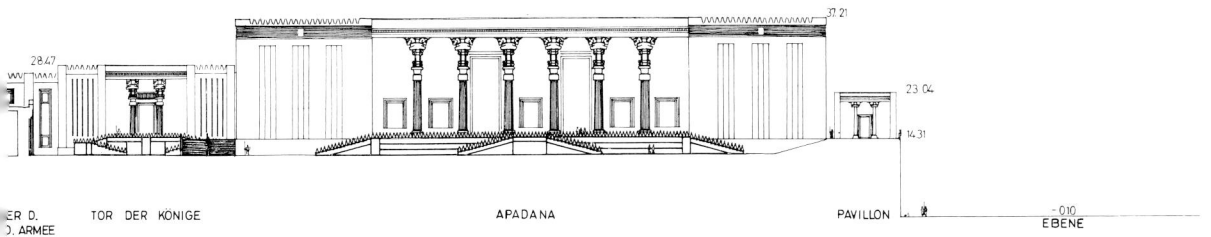

28.47   37.21   23.04   14.31

ER D.   TOR DER KÖNIGE   APADANA   PAVILLON   - 0.10   EBENE
D. ARMEE

OST - WEST - SCHNITT

97

34 Persepolis. Ansicht und Schnitt
Zeichnungen von F. Krefter

Die Ansicht von Westen gibt den Gesamtzusammenhang.
Die riesenhafte und beherrschende Größe des Thronsaa-
les erscheint als der Zweck der gesamten Anlage.
Der Schnitt von Ost nach West zeigt, wie Persepolis dem
Berg vorgelagert ist, die Befestigungen und vor allem die
Größenverhältnisse des Thronsaales (J) und des Hundert-
säulensaales (M) zueinander.

35 Persepolis von Norden
Zeichnung von F. Krefter

Blick über die Gesamtanlage. Vorn rechts das »Tor aller
Länder« (K) vor dem großen Thronsaal. Links das Torgebäude vor dem »Hundertsäulensaal (M). Zwischen
beiden das »Tripylon« (E). Hinter dem Hundertsäulensaal sieht man die weite Dachfläche des Schatzhauses (B)
mit den zwei Höfen, daneben den Beamtenwohntrakt
(C). Die größere Dachfläche nach Süden zu ist der Wohnpalast des Xerxes (F).

Kat. 35

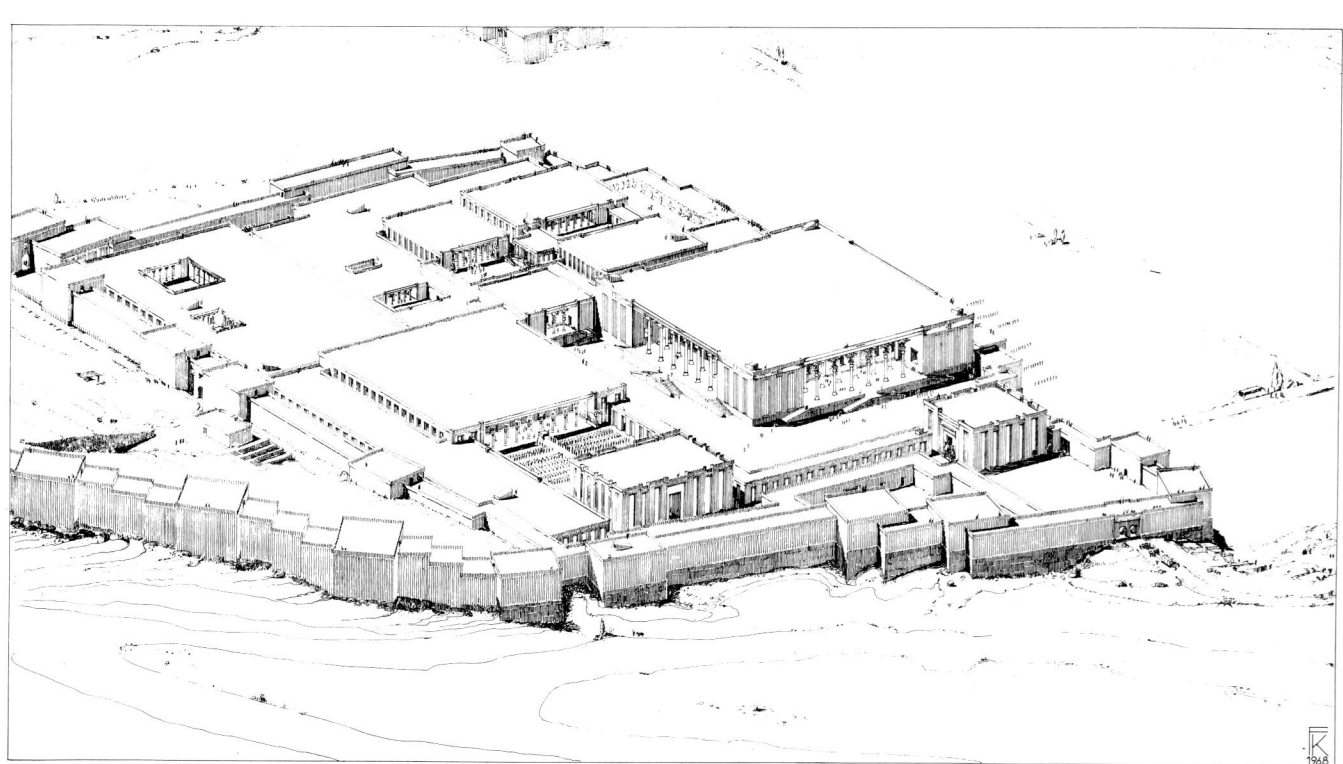

36 Silberne Gründungsurkunde
aus dem Fundament des Thronsaales (J)
von Persepolis (33×33 cm)

Farbaufnahme des Iran Bastan Museum, Teheran
Der Text ist dreisprachig (altpersisch, elamisch, akka-
disch) und lautet:
»Darius, der große König, König der Könige, König der
Länder, Vischtaspas Sohn, der Achämenide. Es kündet
Darius, der König: Dieses Reich, das ich besitze, von den
Skythen von jenseits Soghdiens an bis nach Kush (Äthio-
pien), von Indien bis nach Sparda (Lydien), übertrug mir
Ahuramazda, der größte der Götter. Ahuramazda möge
mich und mein Königshaus beschützen.«

37 Goldene Gründungsurkunde
aus dem Fundament des Thronsaales (J)
von Persepolis (33×33 cm)

Farbaufnahme des Iran Bastan Museum, Teheran
Der Text ist dreisprachig (altpersisch, elamisch, akkadisch) und identisch mit dem auf der silbernen Urkunde.

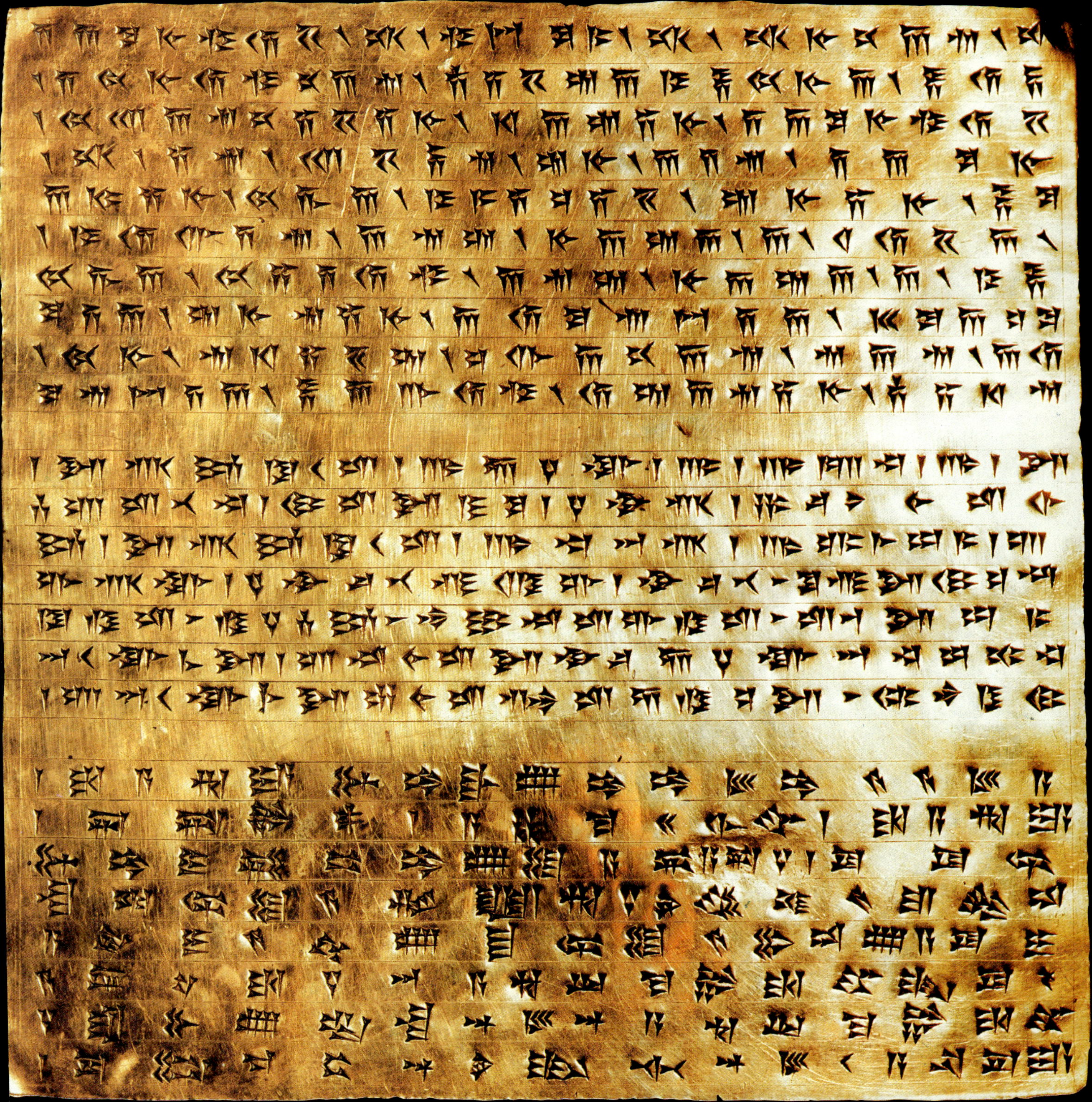

Inhalt